LA SELECCION DE PERSONAL

Guía práctica para directivos y mandos de las empresas.

La Selección de Personal

Autor: Mª José Nebot López

Edita:
FUNDACION CONFEMETAL
Príncipe de Vergara, 74 - 28006 Madrid
Tel.: 91 782 36 30
I.S.B.N.: 84-89786-48-8
Depósito Legal: M-4131-1999
Maquetación e Impresión: BENECROM
                        Paseo San Francisco de Sales, 23
                        28003 MADRID

CONTENIDO

INTRODUCCIÓN

E xisten ya numerosas publicaciones sobre la selección de personal. ¿Por qué publicar otra nueva?.

La razón está en que casi todas esas publicaciones van dirigidas a profesionales ya formados en este terreno, donde se utilizan herramientas, vocabulario y tecnicismos que son poco comprensibles para un profesional no formado en "Recursos Humanos", Administración de Personal, Psicología del Trabajo, o alguna disciplina similar.

Nos encontramos con que, cada vez más, a la hora de cubrir un puesto en una empresa, los procesos de selección son realizados (sobre todo en la pequeña y mediana empresa) por profesionales no familiarizados o formados en recursos humanos y como consecuencia la eficacia o validez del proceso suele ser muy distinta de la esperada.

Nuestro propósito es presentar de una forma clara y comprensible, el proceso que se debe seguir para seleccionar personal a la hora de cubrir un determinado puesto de trabajo en una empresa. Hemos tratado de darle un enfoque básicamente práctico, tratando de ofrecer las herramientas y conceptos útiles para elegir al mejor candidato para cubrir ese puesto.

Comenzaremos tratando de definir el proceso y razonando sobre su utilidad y necesidad en una empresa, para seguidamente, describir fase por fase el procedimiento a seguir, comparando lo que sería el proceso general llevado a cabo por un profesional formado en recursos humanos y nuestro proceso al que llamaremos, "simplificado", apto para profesionales sin esa formación específica.

A continuación, presentaremos un caso práctico donde detalladamente se va viendo la aplicación de las fases anteriormente descritas.

Finalmente se adjuntan los perfiles ya elaborados de una forma general, de algunos puestos de trabajo que pueden servir de guía, apoyo u orientación al lector en su proceso de selección, ya que somos de la opinión, de que no sólo existe un perfil o profesiograma para cada puesto, sino que los perfiles deben ser realizados en función del análisis y descripción del puesto de trabajo, del organigrama de la empresa y de su cultura, que otorgan, a veces, giros o matices determinados que otros puestos con el mismo nombre no tienen. Por ejemplo, el perfil (o profesiograma) de un auxiliar administrativo tendrá distintos componentes según las funciones que deba ejercer y según sea su posición dentro del organigrama. El que haya uno o más administrativos por encima suyo dará lugar a que su nivel de responsabilidad sea menor que si no hay nadie.

Por lo tanto, con esta obra lo que se pretende es que los directivos y mandos de pequeñas y medianas empresas dispongan de los recursos necesarios para acometer, con ciertos visos y garantías de éxito, los procesos de selección de personal, en aquellos casos en los que no se acuda a profesionales. Esto es así ya que la tarea de selección busca y tiene un resultado final muy claro: la elección del mejor candidato.

CAPITULO 1

LA SELECCION DE PERSONAL. CONCEPTO E IMPORTANCIA DEL PROCESO.

A ntes de pasar a describir el proceso de la selección de personal, es importante tener claro este concepto. Vamos a tratar de definirlo de una forma clara y precisa diferenciándolo de dos conceptos afines como son el *"reclutamiento de personal"* y *"head – hunting"*.

1.1. CONCEPTO Y RELACION CON DISCIPLINAS AFINES.

La selección de personal es un proceso dinámico, cuyo objetivo es encontrar la persona más adecuada (por sus características personales, aptitudes, motivación...) para cubrir un puesto de trabajo en una empresa determinada.

Por tanto, como características de la selección de personal podemos destacar:

- Es un *proceso dinámico,* en el sentido de que es una sucesión de fases que son flexibles y se adaptan a los cambios que van surgiendo.

- Su *objetivo (o finalidad) es encontrar el candidato más adecuado* de acuerdo con unas características de personalidad, aptitudes, formación, experiencia, motivación, intereses... fijadas de antemano.

- Dichos *requisitos o características están determinados en función de las actividades, funciones y tareas del puesto que se trata de cubrir y de las características de la empresa* a la que pertenece.

El objetivo de este proceso es encontrar al candidato que mejor se ajuste al puesto en cuestión y no al que más alto puntúe en los tests. Ya veremos, más adelante, cómo han de tenerse en cuenta otra serie de variables para valorar a los candidatos.

Condiciones indispensables para que dicho proceso sea efectivo, y que todo "seleccionador" debe tener en cuenta son las siguientes:

a) Delimitación clara de las características del puesto.

b) Delimitación precisa de los requisitos que debe cumplir el candidato.

c) Objetividad a la hora de evaluar y valorar los datos y puntuaciones de los distintos candidatos.

Como dijimos, "*selección de personal*", es un concepto distinto de "*recluta-miento de personal*" y de "*head – hunting*".

El *reclutamiento de personal*, es una acción dinámica que, sin seguir un proce-dimiento determinado, trata de buscar al candidato idóneo para un puesto de tra-bajo.

La diferencia con selección de personal está en que ésta sigue un proceso de-terminado con una serie de candidatos y el reclutamiento, se centra en localizar y ponerse en contacto con aquellas personas que buscamos para tratar de que se so-metan a determinadas técnicas de selección.

El reclutamiento se dedica más a buscar y la selección de personal, selecciona y elige entre los candidatos que ha recibido.

Por otro lado, "*head-hunting*", término de origen americano que podíamos tra-ducir como "cazador de talentos" es un concepto similar al de reclutamiento de per-sonal, pero referido exclusivamente para puestos de trabajo de directivos y ejecuti-vos, principalmente, con un proceso y una metodología más formal, rigurosa, di-námica y flexible como la selección de personal.

El "head-hunter", igual que el reclutador, se centra en buscar a su "candidato ideal" para un puesto determinado, se trata de una búsqueda directa.

Generalmente, este candidato es considerado por el buscador como "*ideal*" pa-ra un puesto determinado en función de sus logros profesionales y experiencia más que de sus características personales.

Finalmente, y respecto a la selección, queremos establecer una dicotomía. Po-demos hablar de selección externa de personal, cuando la búsqueda y recluta-miento de los candidatos se lleva a cabo fuera de la empresa. Hablamos de selec-ción interna de personal cuando el proceso se efectúa con candidatos ya integrantes de la empresa.

1.2. LA IMPORTANCIA DE LA SELECCION DE PERSONAL EN LA EMPRESA.

A través de los años se ha impuesto la necesidad de realizar de una forma sistemática la ocupación de un puesto de trabajo.

La razón está bien clara. En el pasado no se le ha dado la importancia que merece a este proceso, cubriendo puestos a tientas y a ciegas, y los resultados eran personas no adecuadas a las exigencias del trabajo que daban lugar a fallos o "accidentes", en el trabajo, absentismos, bajas, rotaciones, mal clima de trabajo, poca satisfacción laboral, etc. que incidía negativamente en la productividad.

Actualmente cada vez se le da más importancia a este proceso, ya que ha quedado patente su utilidad y sus "éxitos" y cómo éstos se han traducido en mejoras para la producción.

Estos procesos suelen llevarse a cabo por:

a) Consultoras especializadas, sobre todo en las grandes empresas donde se suelen reclutar candidatos de distintas zonas o provincias y donde se suelen tratar los datos con bastante más objetividad.

b) También se llevan a cabo por la propia empresa, por el departamento de recursos humanos, o bien, como expusimos en la introducción, viene siendo habitual que en la mediana y pequeña empresa, la selección la realice algún profesional (generalmente, el jefe del departamento) sin formación específica en recursos humanos. Es a estos últimos, sobre todo, a los que va dirigida esta publicación.

Como hemos dicho, el concepto y la importancia de la selección de personal, ha ido evolucionando con el tiempo. Al principio, el proceso estaba centrado sobre el pronóstico del éxito o rendimiento de los candidatos en un trabajo o puesto determinado. Hoy día, la selección de personal, aparte de emitir un pronóstico sobre la eficiencia y rendimiento del aspirante, trata también de pronosticar:

• La integración del trabajador en el grupo laboral. Generalmente el nuevo trabajador va a incorporarse a un equipo de trabajadores, y será muy importante que éste se integre bien en él, para que la cohesión del grupo permanezca.

• La posible predisposición a sufrir accidentes o enfermedades.

- La posible promocionabilidad del trabajador. Debemos conocer las aspiraciones y motivaciones del candidato para tener en cuenta la posibilidad de promoción, para que no haya frustraciones en el trabajador.
- La capacidad de aprendizaje.
- Estamos inmersos en un mundo empresarial, sujeto a numerosos cambios (tecnológicos, de mercado, etc.). Es importante saber de antemano, la capacidad para recibir una formación determinada, de los trabajadores para que rápidamente puedan adaptarse a los nuevos cambios.
- La proyección profesional del trabajador en el futuro. Es decir, su desarrollo profesional en la empresa.

En definitiva, el proceso de la selección de personal, si se realiza de una forma sistematizada y de forma eficaz, nos puede ofrecer una información muy útil para emitir un pronóstico muy amplio acerca de los candidatos. Para ello, el "seleccionador" deberá conocer bien la empresa (su cultura, características, ...) y las exigencias del puesto a cubrir, aparte de tener unos conocimientos sobre el proceso a seguir.

CAPITULO 2

EL PROCESO GENERAL DE LA SELECCION DE PERSONAL Y EL PROCESO "SIMPLIFICADO". FASES.

En el desarrollo de este capítulo se tratará de diferenciar y simplificar el proceso que se sigue para una selección de personal, con el fin de hacerlo más claro y accesible para todas aquellas personas que, ocupando cargos directivos o de mando en las empresas, tengan en algún momento que participar activamente en un proceso de selección.

La razón de simplificar este proceso estriba en facilitar los pasos y el desarrollo del proceso a aquéllos no familiarizados con la terminología, técnicas y herramientas usados habitualmente.

Por ello, se parte de establecer dos procesos diferentes de selección, según el grado de conocimiento y dedicación profesional del que los tenga que realizar. Éstos son los siguientes:

- El **Proceso General**, que, normalmente, es seguido por empresas de selección y por aquéllos familiarizados con este ámbito de los recursos humanos, bien por su formación previa, por su disponibilidad profesional o por la dimensión de la empresa en la que presta sus servicios.

- El **Proceso Simplificado**, especialmente diseñado para aquellos directivos y mandos que se vean inmersos en procesos de selección para sus empresas y que no dispongan del bagaje técnico y profesional de un especialista en selección.

Este segundo proceso es el eje central de esta obra y sobre el que gira el objetivo fundamental de la misma: facilitar los conocimientos, técnicas, herramientas e instrumentos para acometer procesos de selección con garantía de éxito.

2.1. UN VISTAZO AL PROCESO GENERAL.

El Proceso General, suele tener las siguientes fases:

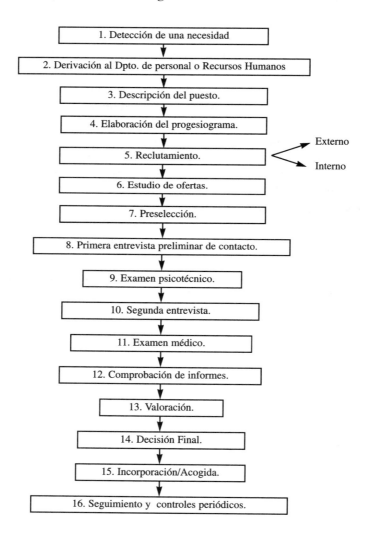

1. Detección de una necesidad

2. Derivación al Dpto. de personal o Recursos Humanos

3. Descripción del puesto.

4. Elaboración del progesiograma.

5. Reclutamiento. → Externo / Interno

6. Estudio de ofertas.

7. Preselección.

8. Primera entrevista preliminar de contacto.

9. Examen psicotécnico.

10. Segunda entrevista.

11. Examen médico.

12. Comprobación de informes.

13. Valoración.

14. Decisión Final.

15. Incorporación/Acogida.

16. Seguimiento y controles periódicos.

El proceso comienza con la detección de una necesidad de contratar a un/unos nuevo/s empleado/s. Las razones pueden ser diversas:

- Creación de nuevos puestos de trabajo.
- Vacantes.
- Bajas de empleados.
- Rotaciones y promociones.
- Nueva distribución de las plantillas.
- Incorporación de nuevas tecnologías.
- Planificación y optimización de plantillas, etc.

Esta necesidad es remitida al departamento de Recursos Humanos o de personal (si existe) que estudia esta necesidad para iniciar el proceso de búsqueda. Dicho proceso comienza con un análisis detallado del Puesto de Trabajo describiendo cada una de las tareas y funciones y lo integran para elaborar en función de este análisis el Profesiograma donde quedarán bien delimitadas todas las exigencias y requisitos que se necesitan para cubrir ese puesto.

A partir de ahí, comienza la fase de reclutamiento. El departamento encargado del proceso consulta archivos, estudia la plantilla existente, pone anuncios en la prensa, acude a las bolsas de trabajo…, tratando de reclutar candidatos para efectuar la selección. Se podrá, por tanto, efectuar un reclutamiento dentro de la empresa (interno) o fuera (externo).

Seguidamente realiza un estudio de las ofertas recibidas efectuando una preselección al no admitir en el proceso aquellos candidatos que por sus informes, experiencia, deficiencias… no cumplan los requisitos necesarios. Con el resto de los aspirantes se inicia el proceso de la selección aplicando unas técnicas específicas: Primera, se efectuará una entrevista preliminar de contacto y aquí ya se eliminan los no idóneos. El resto de los candidatos siguen el proceso sometiéndose a continuación a un examen psicotécnico donde se les aplica una serie de pruebas (test proyectivos y psicométricos), y pruebas prácticas profesionales de aptitudes, personalidad, intereses, …. Y una 2ª entrevista, ya más profunda que la preliminar, donde se va a insistir en los aspectos de su vida personal y profesional relevantes para ese puesto de trabajo en esa empresa determinada.

Según para qué puestos, se tiene también en cuenta un examen médico que aporte información sobre el estado físico del candidato.

En la siguiente fase, y antes de valorar los datos obtenidos en las pruebas, se efectúa la fase de comprobación de los informes aportados por los aspirantes al puesto, de sus "*c. vitae*" y en el caso de que alguno no sea correcto quedará eliminado del proceso.

Con los informes ya comprobados y los datos obtenidos de las pruebas efectuadas, se realiza una valoración ponderada de los candidatos, decidiendo cuales son los finalistas. A veces, para un solo puesto el departamento puede presentar a la dirección 2 ó 3 candidatos finales, siendo ésta la que realice la última elección. No obstante, lo habitual es que el departamento presente su candidato final con el que se tiene una entrevista para fijar las condiciones y fecha de incorporación.

La incorporación y acogida también serán planificadas de antemano con el fin de que la integración del nuevo trabajador sea lo más rápida y exitosa posible.

El proceso termina con un seguimiento y controles periódicos que permitan evaluar la eficacia del proceso, obteniendo así información útil para selecciones futuras.

2.2. LA PROPUESTA DEL PROCESO SIMPLIFICADO.

El proceso que nosotros proponemos lo hemos denominado "**Proceso simplificado**" ya que en comparación con el proceso descrito, va a reducir, e incluso eliminar algunos pasos o fases.

Consideramos que este proceso puede ser útil para la selección de personal de pequeñas y medianas empresas para puestos de trabajo, cuyo rango o cualificación profesional no sea muy elevado. Para puestos de alto nivel o categoría profesional, es mejor recurrir al proceso anterior realizado por los profesionales especializados en ello.

Proceso simplificado

Fases:

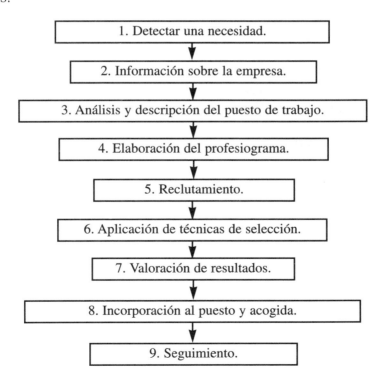

1. Detectar una necesidad.

2. Información sobre la empresa.

3. Análisis y descripción del puesto de trabajo.

4. Elaboración del profesiograma.

5. Reclutamiento.

6. Aplicación de técnicas de selección.

7. Valoración de resultados.

8. Incorporación al puesto y acogida.

9. Seguimiento.

2.3. PRIMERA FASE DEL PROCESO SIMPLIFICADO: DETECCION DE UNA NECESIDAD

Al igual que en el proceso general, se inicia todo el procedimiento a raíz de la detección de una o más necesidades que nos llevan a buscar uno o más trabajadores para cubrir los puestos de trabajo determinados.

Esas necesidades pueden ser unas necesidades actuales (necesidades que han surgido en el momento actual en la empresa) pero también pueden ser necesidades futuras.

Necesidades más frecuentes que llevan a iniciar un proceso de selección de personal:

- Creación de nuevos puestos de trabajo.
- Vacantes o bajas de algún empleado.
- Rotaciones y promociones.
- Nueva distribución de plantillas.
- Incorporación de nuevas tecnologías.
- Planificación y optimización de plantillas.
- Jubilaciones.
- Despido de algún empleado.
- Fusiones con otras empresas.
- Excedencias.

Al analizar alguna de estas necesidades llegamos a la conclusión de que debemos emprender la búsqueda de una persona que se ajuste al puesto de trabajo a ocupar.

2.4. SEGUNDA FASE DEL PROCESO SIMPLIFICADO: INFORMACION SOBRE LA EMPRESA.

En realidad, no se trata de una fase en sí. Simplemente hemos querido detenernos en este aspecto que consideramos importante y que suele pasarse por alto en muchos procesos de selección, donde todo gira en torno a un análisis detallado y riguroso del puesto vacante y donde la empresa a la que pertenece no es tenida en cuenta. Cada empresa tiene una cultura determinada, con unos valores y normas que conviene tener muy en cuenta para que el futuro trabajador pueda adaptarse y funcionar en ese ambiente y marco determinado. Si no se identifica con su cultura difícilmente podrá adaptarse y en el futuro dará lugar a conflictos.

Por cultura empresarial, entendemos un *"conjunto de normas y valores y formas de pensar que caracterizan la actividad de la empresa, y su enfoque y forma de abordar la solución de problemas"*. (Pumpin).

No se trata de realizar un análisis profundo de esta cultura empresarial sino tener en cuenta una serie de datos:

Cuestiones referidas a la cultura empresarial a tener en cuenta:

1.- **¿Encaja el candidato en nuestro sistema de valores?. ¿Podrá incorporarlos?.**

2.- **¿Será capaz de asumir las normas establecidas sin entrar en conflicto con ellas?.**

3.- **¿Es su forma de pensar, acorde con la de la empresa?.**

4.- **¿Ante determinados conflictos o situaciones puntuales, seguirá nuestras estrategias para solucionar problemas?.**

5.- **¿Coincide su imagen, con la imagen externa o interna de la empresa?.**

Pongamos un ejemplo puntual. Imaginemos que tratamos de cubrir un determinado puesto de trabajo en una empresa cuya imagen externa queda reflejada en la vestimenta de sus empleados, a los que se les exige, por su trato con el público, ir a trabajar con traje de chaqueta y hemos contratado (por el alto nivel obtenido en las pruebas aplicadas) a una persona cuya ideología choca con esa "normativa" presentándose a trabajar en pantalones vaqueros.

A la larga surgirá un conflicto por parte de la empresa o del empleado que se siente presionado a vestirse de una forma que él no admite.

No tiene que interpretarse este ejemplo con la conclusión de que por una forma de vestir disonante con la nuestra, debemos rechazar a un candidato. El ejemplo que como hemos matizado es sobre un aspecto puntual, lo que quiere poner en relieve es el hecho de que los aspectos de la cultura empresarial también deben tenerse en cuenta, para no llevarnos "sorpresas" en el futuro, y prevenir posibles desajustes o conflictos con la persona elegida.

2.5. TERCERA FASE DEL PROCESO SIMPLIFICADO: ANALISIS Y DESCRIPCION DEL PUESTO DE TRABAJO.

Antes de pasar al análisis y descripción de un puesto de trabajo, conviene dejar claro el concepto de **Puesto de Trabajo**.

Podemos definirlo como el *conjunto de tareas y funciones encaminadas a conseguir un fin, que son desempeñadas bajo unas condiciones determinadas, en una unidad estructural de una organización*.

Para delimitar los puestos de trabajo, será necesario conocer el trabajo de todos los miembros de la empresa u organización y agrupar las tareas y funciones homogéneas en cuanto a **finalidad**, **contenido** y **condiciones**.

Como queda reflejado en el esquema anterior, **las funciones** estarán compuestas por un conjunto ordenado de tareas que son realizadas de forma sistemática.

Por otro lado, **las tareas** serán actividades de trabajo que integran las distintas funciones.

Pongamos un ejemplo. Para un puesto de trabajo de un auxiliar administrativo una función podría ser encargarse del correo, y una tarea integrante de esta función sería pegar un sello.

Es importante que estos conceptos queden bien delimitados, puesto que para realizar un buen análisis y descripción de un puesto de trabajo se deberá delimitar todas sus funciones y en algunos casos las tareas componentes.

El análisis y descripción de puestos de trabajo tiene como objetivo recopilar toda la información que permita diferenciar respecto a otros, el puesto que se está analizando. Se deberá tener en cuenta las condiciones en que se realiza el trabajo: ambiente físico, social, económico, tecnológico, también la finalidad y modo de realizarlo.

El análisis debe ser minucioso, tratando de descomponer la actividad en funciones más simples, estableciendo su frecuencia, su complejidad, las exigencias físicas, mentales, experiencia…. En definitiva, todos los datos que nos ayuden a especificar las distintas funciones y tareas que integran el puesto analizado.

El primer paso en este análisis del trabajo será el plantearnos las siguientes cuestiones.

¿Qué hace?	**Funciones y tareas y sus condiciones**
¿Cómo lo hace?	**Recursos y métodos**
¿Para qué lo hace?	**Objetivos y finalidades**

Otra diferenciación que hay que establecer es la que existe entre **análisis de puestos de trabajo** y **descripción de puestos de trabajo**.

El **Análisis de puestos de trabajo** hace referencia al estudio riguroso sobre los puestos con el fin de recopilar la máxima información sobre el mismo (funciones, tareas, requisitos, responsabilidades, obligaciones, condiciones físicas y ambientales…).

La **Descripción de puestos de trabajo** hace referencia al informe donde queda especificada toda la información recogida en el análisis anterior. Por eso esta fase se llama "Análisis y descripción de puestos de trabajo", que son dos procesos consecutivos.

2.5.1 METODOLOGIA PARA EL ANALISIS DEL PUESTO DE TRABAJO

Existen diversos métodos para realizar este proceso. Consideramos como los más útiles los siguientes.

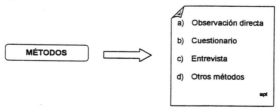

MÉTODOS

a) Observación directa
b) Cuestionario
c) Entrevista
d) Otros métodos

apt

---

a) <u>Observación directa</u>

Se trata de ir observando al trabajador cuando realiza las tareas o funciones e ir registrando todo lo que va realizando.

Sería útil utilizarlo con más métodos complementarios como la entrevista para obtener más datos.

No es útil para tareas y funciones complejas ya que se invertiría mucho tiempo y esto implicaría un alto coste.

Tampoco es útil para trabajos creativos y mentales.

Hay que ser bastante sistemático al realizar la observación, para ser lo más objetivos posible.

Es útil para tareas rutinarias, repetitivas y de poca cualificación.

Incluimos una guía para el análisis a través de la observación directa, de un puesto de trabajo.

GUIA PARA LA OBSERVACION DIRECTA DE UN PUESTO DE TRABAJO

1. Denominación del puesto: ....

2. Departamento o sección al que pertenece: ....

3. Organigrama (Posición en el mismo): ....
    ....
    ....

4. Finalidad/es del puesto: ....
    ....

5. Funciones que se realizan:

    A) Habituales o cotidianas: ....
    B) Frecuentes: ....
    C) Ocasionales: ....

6. Horario de trabajo:

    A) Jornada laboral: ....
    B) Horas extras: ....
    C) Turnos: ....
    D) Vacaciones: ....

7. Relaciones Sociales:

    A) Internas (equipos de los que se forma parte, superiores, etc): ....
    ....
    ....

    B) Externos (clientes, otras empresas, etc.): ....
    ....
    ....

8. Condiciones de trabajo:

    A) Físicas (temperatura, ruidos, iluminación, agentes tóxicos, etc): ....
    ....
    B) Accidentabilidad (riesgos): ....
    ....

9. Experiencia requerida: ....

10. Responsabilidades:

    A) Sobre otros empleados: ....
    B) Sobre el material de trabajo: ....
    C) Sobre la producción (producto): ....
    D) Toma de decisiones y autoridad: ....

Página 1 de 2

11.   Conocimientos: ....

        A)   Profesionales: ....
        ....

        B)   Facultades mentales: ....
        ....

        C)   Habilidades manipulativas: ....
        ....

12.   Cantidad de producción (rapidez): ....
        ....

       Calidad de producción (exactitud): ....
        ....

13.   Materiales o equipo de trabajo: ....
        ....
        ....

14.   Metodología: ....
        ....
        ....
        ....

15.   Observaciones finales: ....
        ....
        ....
        ....
        ....
        ....
        ....
        ....
        ....
        ....
        ....
        ....
        ....
        ....
        ....
        ....
        ....
        ....

Página 2 de 2

---

b) Cuestionario.

Esta técnica consiste en la aplicación de unos cuestionarios elaborados para recoger información acerca del puesto o tareas, que deberán ser cumplimentados por los trabajadores y después serán supervisados por un superior.

A veces, cuando los trabajadores no tienen un alto nivel de cualificación puede ser más útil que sea rellenado por los superiores ya que puede que no sepan expresarse, o entender mal las preguntas.

Es mejor utilizar cuestionarios que tengan cierta flexibilidad para que puedan expresar libremente lo que piensan.

Será útil, complementar la información obtenida con la de una entrevista personal, donde puedan surgir datos no previstos pero igualmente importantes.

Presentamos a continuación un modelo de un cuestionario para recoger información sobre los puestos de trabajo.

CUESTIONARIO DE ANALISIS DE TAREAS, FUNCIONES O PUESTOS

A continuación se le van a presentar una serie de preguntas acerca de su puesto de trabajo. Trate de contestar de forma breve y clara y con la máxima sinceridad posible.

El objetivo de este cuestionario es recoger información acerca de su puesto de trabajo para tratar de analizarlo y valorarlo.

Su colaboración va a sernos de mucha ayuda.

Muchas gracias.

PREGUNTAS.

1. Nombre del puesto de trabajo..

    Cargo que ocupa: ....

2. Departamento al que pertenece: ....

3. ¿Qué departamentos están por encima del suyo?): ....
    ....
    ....
    ....
    ....

4. ¿Podría hacer un esquema del organigrama? (Gráfico de los distintos niveles de la empresa).

5. ¿Podría decirnos, brevemente, cuales son las funciones de su puesto de trabajo?.

    - ....
    - ....
    - ....
    - ....
    - ....
    - ....

Página 1 de 4

33

6. ¿Podría especificarnos cuáles son sus principales tareas?:

        A)   Cotidianas: ....
        ....
        ....
        ....

        B)   Ocasionales: ....
        ....
        ....
        ....

        C)   Periódicas: ....
        ....
        ....
        ....

7. ¿Cuáles son los objetivos de estas tareas? ....
....
....
....

8. ¿Cuál es el objetivo final del puesto?: ....
....
....

9. Describa los requisitos físicos que exige la correcta realización de las tareas: ....
....
....

10. Describa los conocimientos que se deben tener para su realización: ....
....
....
....

11. Las destrezas y habilidades: ....
....
....
....

12. ¿Qué experiencia debe tener un trabajador para realizarlas?: ....
....

13. ¿Qué métodos y/o técnicas debe conocer?: ....
....

14. ¿Qué tipo de formación necesita?: ....
....

Página 2 de 4

34

15. ¿Podría mejorarse la realización de estas tareas?: ....
....
....
....

16. ¿Cómo?: ....
....
....
....

17. ¿Quién es su superior inmediato?: ....
....
....

18. ¿Quién su subordinado?: ....
....

19. ¿Programa usted mismo sus tareas y actividades o sigue instrucciones de un superior?: ....
....
....

20. ¿Cuáles son sus responsabilidades directas sobre el trabajo: ....
....
....

21. ¿Cuáles son sus responsabilidades directas sobre otros empleados?: ....
....

22. ¿Cuáles son sus responsabilidades directas sobre las herramientas de trabajo?: ....
....

23. ¿Cuáles son sus responsabilidades directas ante un fallo o error?: ....

    Cometido por usted: ....

    Cometido por un subordinado: ....

24. ¿Qué material y herramientas utiliza en su trabajo?: ....
....
....
....

25. ¿Están actualizadas o deberían modernizarse?: ....
....
....
....

Página 3 de 4

35

26 Valore de 1 a 10 las características que, a su juicio, son más necesaria parc para realizar su trabajo:

Atención y observación	
Buena visión	
Reflejos rápidos	
Buena audición	
Buena memoria	
Iniciativa	
Experiencia en la tarea	
Decisión	
Conocimientos generales	
Facilidad de movimiento	

27 Indíquenos las condiciones ambientales necesarias para realizar bien su trabajo:

Luz	
Temperatura	
Espacio	
Ruido ambiental	
Higiene	
Seguridad	
Horario de trabajos o de turnos	

28. A su juicio, ¿qué es lo que debería mejorar en la realización de su trabajo?: ....

....

....

....

29. ¿Cómo (formación, técnicas, conocimientos, condiciones, etc.) podría mejorar?: ....

....

....

....

....

30. Utilice esta pregunta para hacernos algún comentario que crea que sea de nuestro interés.

....

....

....

....

....

....

....

....

....

....

Página 4 de 4

---

c) La entrevista.

Será útil reunirse cara a cara con el personal implicado para reunir información más personalizada.

Se debe utilizar una entrevista semiestructurada, es decir, parcialmente estructurada de antemano para que no se nos olviden los puntos importantes pero dejando libertad para que el protagonista se exprese con libertad para que podamos ampliar y aclarar conceptos.

Requisitos para realizar una buena entrevista

➤ *Crear un buen clima de cooperación y confianza, donde el entrevistado se sienta reflejado.*

➤ *Evitar actitudes defensivas o agresivas.*

➤ *Hacer preguntas claras y objetivas.*

➤ *Actitud constructiva y de diálogo.*

➤ *Evitar la sensación de examen o juicio.*

➤ *Evitar el "monólogo".*

➤ *Dejarle bien claro al principio, el objetivo de la entrevista, para evitar recelos.*

➤ *No entrar en cuestiones personales.*

➤ *Evitar ser demasiado dirigista y dejar que se exprese libremente.*

➤ *Al final, agradecerle su colaboración y hacerle ver que nos ha sido de mucha ayuda.*

En la siguiente página se muestra una guía para la realización de una entrevista de análisis de tareas, funciones o puestos de trabajo.

GUÍA PARA LA REALIZACIÓN DE UNA ENTREVISTA DE ANÁLISIS DE TAREAS, FUNCIONES O PUESTOS DE TRABAJO

PREGUNTAS.

1.   ¿Cuál es su puesto de trabajo? ....

2.   ¿Qué realiza en él (tareas y/o funcione)?: ....

3.   ¿Cuáles son los requisitos físicos y/o mentales?): ....
....
....
....

4.   ¿Qué preparación y/o experiencia es necesaria?: ....
....
....
....

5.   ¿Cuáles son las responsabilidades directas y/o indirectas sobre el trabajo y otros trabajadores?: ....
....
....
....

6.   ¿Cuáles son las condiciones de trabajo?:

      Ambiente: ....

      Peligrosidad: ....

      Higiene: ....

7.   ¿Cuáles son las posibles mejoras y cómo conseguirlas?: ....
....
....
....

8.   Consideraciones finales: ....
....
....
....
....
....

Página 1 de 1

d) Otros métodos.

A veces, existen <u>publicaciones</u> o estudios realizados en la misma empresa de análisis o descripciones de puestos de trabajo, que podemos utilizar y aplicar.

También otro método que puede ser útil (según el puesto), es el de <u>la realización autónoma del trabajo por parte del analítico.</u> Así éste podrá obtener una "sensación" de las exigencias. Este método sólo nos servirá para puestos de trabajo de realización "sencilla" ya que si son complicados, el analítico deberá aprender a desempeñarlo y el proceso se volverá caro y costoso.

Finalmente, también se puede utilizar el <u>método del diario de actividades.</u> Se trata de realizar un autoinforme por parte del titular del puesto donde debe ir registrando diaria y sistemáticamente las actividades que desarrolla y el tiempo que les dedica. La ventaja de este método es que nos proporciona detalles que igual con otros métodos se nos escaparían. Como inconveniente podríamos pensar que a parte de ser fatigoso para el que lo realiza, éste puede distorsionar los datos y no ser todo lo objetivo que nos interesa.

Resumiendo, y teniendo en cuenta lo anteriormente expuesto sintetizaremos lo siguiente:

- Cuando la tarea a analizar es rutinaria, monótona y de poca cualificación utilizaremos:

OBSERVACION DIRECTA + ENTREVISTA

- Cuando la tarea sea más compleja utilizaremos:

CUESTIONARIO + ENTREVISTA

2.5.2 METODOLOGIA PARA LA DESCRIPCION DEL PUESTO DE TRABAJO

Una vez realizado el análisis del Puesto de Trabajo se debe cumplimentar un informe donde quede recogida toda la información obtenida.

Presentamos aquí una guía para realizar una descripción de un puesto de trabajo.

GUIA PARA LA DESCRIPCION DE PUESTOS DE TRABAJO

1. Denominación del puesto ....
    ....

2. Departamento o sección a la que pertenece ....
    ....

3. Historia del puesto (si es de nueva creación o los años que lleva funcionando, cuantos trabajadores han pasado por él, etc.) ....
    ....
    ....
    ....

4. Posición en el organigrama.

5. Objetivos o finalidades del puesto ....
    ....
    ....
    ....

6. Funciones del puesto:

    Habituales o cotidianas: ....
    ....

    Periódicas ....
    ....

    Ocasionales: ....
    ....

Página 1 de 2

40

7.   Horario de trabajo:

  A) Jornada laboral: ....
  B) Horas extras: ....
  C) Turnos: ....
  D) Vacaciones: ....

8.   Condiciones de trabajo:

  A) Ambientales: ....
  B) Accidentabilidad o riesgos: ....

9.   Relaciones sociales:

  A) Internas: ....
  B) Externas: ....

10.   Requisitos o exigencias del puesto:

  A) Formación: ....
  B) Experiencia: ....
  C) Otros: ....

11.   Responsabilidades:

  A) Sobre otros empleados: ....
  B) Sobre el material de trabajo: ....
  C) Sobre la producción (el producto): ....
  D) Autoridad y toma de decisiones: ....

12.   Equipos o materiales de trabajo: ....
....
....
....

13.   Observaciones finales: ....
....
....
....
....
....
....

Página 2 de 2

41

2.6. CUARTA FASE DEL PROCESO SIMPLIFICADO: ELABORACION DEL PROFESIOGRAMA.

El <u>profesiograma</u> consiste en la expresión (gráfica o no) de los requerimientos y exigencias necesarias para la realización eficaz de un trabajo valorando de forma ponderada las características que deberán exigirse a los candidatos sujetos al proceso de la selección.

El profesiograma se elaborará con la información obtenida en el análisis y descripción del puesto de trabajo.

Es una herramienta indispensable para pronosticar el éxito de un candidato. Aunque conozcamos muy bien sus aptitudes, formación…, deberemos conocer lo más exactamente posible las exigencias del puesto. De no conocer tales exigencias se podrían cometer dos errores:

1. Podemos sobrevalorar ciertos rasgos o aptitudes que tal vez no sean relevantes para el puesto a cubrir y que al puntuar tan elevado, probablemente no se integre bien.

   Por ejemplo, puede que tengamos un candidato con un alto nivel de independencia y autonomía, que en un puesto directivo sería una cualidad exigida, necesaria y deseable, pero que tal vez, en un puesto de inferior categoría, donde debe formar parte de un equipo, con una mínima responsabilidad y con un trabajo mecánico y repetitivo, esa cualidad se convierta más bien en un obstáculo para su integración en el equipo y para asumir y cumplir órdenes. Se convertirá más bien en una fuente de conflicto.

2. Si no poseemos un profesiograma bien elaborado y detallado, no podremos emitir ningún pronóstico acerca de la actuación de los candidatos. Podremos someterlos a pruebas de evaluación y saber mucho sobre sus aptitudes, cualidades personales…, pero no sabremos si se adaptará o no al puesto o si tendrá éxito al no saber qué se requiere para desempeñarlo eficazmente.

Como ya dijimos para evitar estos errores, será primordial el elaborar un profesiograma, de acuerdo con los datos obtenidos en el análisis y descripción de puestos de trabajo.

En la realización del profesiograma habrá que ir "traduciendo" los datos de la hoja de descripción del puesto de trabajo en aptitudes, características de personalidad, formación, experiencia, etc.

Por ejemplo, en un puesto donde una de las funciones principales es la verificación de datos y se valora la rapidez (cantidad de producción) con la que es capaz de trabajar. Esto dará lugar a la exigencia de una alta capacidad de atención y resistencia a la fatiga.

Más adelante, cuando abordemos el tema de las técnicas de selección para "medir" las aptitudes, motivaciones…, trataremos de definir los principales conceptos psicológicos referidos a aptitudes, rasgos de personalidad… que pueden ser de utilidad a la hora de elaborar el profesiograma. Es importante saber a que nos estamos refiriendo cuando decimos que un puesto requiere un nivel alto de atención y resistencia a la fatiga o, por ejemplo, cuando decimos que el candidato debe tener una gran capacidad de síntesis o de creatividad, etc.

Como herramienta útil a la hora de confeccionar el profesiograma, presentamos la siguiente guía, donde se han agrupado los distintos factores.

Su elaboración variará dependiendo del puesto, según su grado de complejidad.

GUIA PARA LA ELABORACION DEL PROFESIOGRAMA

DENOMINACIÓN DEL PUESTO: _____

SECCIÓN O DEPARTAMENTO: _____

- Edad Preferente: _____
- Sexo: _____
- Formación necesaria: _____
- Formación deseable: _____
- Experiencia: _____

	PONDERACIÓN				
Procesos y características intelectuales	1	2	3	4	5
•					
•					
•					
•					
•					
•					
Aptitudes específicas	1	2	3	4	5
•					
•					
•					
•					
•					
Actividades y conductas sociales	1	2	3	4	5
•					
•					
•					
•					
•					
Rasgos de personalidad	1	2	3	4	5
•					
•					
•					
•					
•					
•					
Otros datos valorables	1	2	3	4	5
• Trayectoria profesional					
• Aspiraciones e intereses					
• Motivación					
• Características físicas					

Página 1 de 1

44

Es también importante señalar que en el profesiograma quede reflejada la ponderación (o valor numérico) que le damos a cada factor o capacidad exigida, ya que para cada puesto no todos los factores tienen la misma importancia. Esta puntuación hace referencia al nivel requerido para el puesto.

Por ejemplo, en un puesto de telefonista se ponderará con 5 puntos el factor de fluidez verbal que es indispensable para realizar eficazmente el trabajo y con 1 punto la responsabilidad ya que el puesto no implica muchas responsabilidades.

Además nos van a dar un dato cuantitativo que nos va a ser muy útil a la hora de valorar los distintos candidatos.

Los profesiogramas nos van a ofrecer una información cuantitativa y cualitativa muy útil.

2.7. QUINTA FASE DEL PROCESO SIMPLIFICADO: RECLUTAMIENTO.

El reclutamiento consiste en una acción dinámica y flexible cuyo objetivo es el de buscar y reunir el máximo número de candidatos en un tiempo determinado, para cubrir ese puesto.

Es muy importante que esta fase se realice correctamente, ya que si reclutamos candidatos no aptos para nuestro puesto, gastaremos en balde esfuerzos y energía y el proceso se verá afectado negativamente.

En el proceso general de selección, el reclutamiento se realiza de una forma cuidada y detallada. Pudiendo hablar de dos tipos de reclutamiento.

1. Reclutamiento externo.

2. Reclutamiento interno.

1. Reclutamiento externo: Hablamos de reclutamiento externo, cuando éste se realiza utilizando fuentes externas a la empresa para reunir los candidatos potenciales para el puesto en cuestión. Como fuentes externas podemos citar:

- Anuncios en prensa.
- Centros de enseñanza, (Academias, Centros de formación profesional, Universidades...).
- Oficinas de Empleo (INEM).
- Archivos (de otros procesos de selección o de solicitudes que llegan a la Empresa).
- Otras fuentes (amistades, familiares, Internet, etc.).

Respecto a las solicitudes de empleo sería útil que cada empresa tuviera un modelo diseñado donde se recoja la información más útil y pertinente y se pueda así elaborar un archivo informatizado o no con esos datos, que podrá servir para futuros procesos de selección.

Este cuestionario será rellenado por las personas que espontáneamente se hayan dirigido a la empresa para solicitar un puesto de trabajo, por los candidatos que se presenten a los procesos de selección... y en definitiva, por todas aquellas personas que puedan optar a un puesto de trabajo en esa empresa.

ficha guía

CUESTIONARIO DE SOLICITUD DE UN NUEVO EMPLEADO

DATOS PERSONALES:

Nombre: _____

Apellidos: _____

Fecha de Nacimiento: ___/___/___   D.N.I/NIF.: _____   Estado Civil: _____

Nacido en: _____   Provincia: _____   Nacionalidad: _____

Domicilio: _____   Teléfonos contacto: _____
                                                        _____
                                                        _____

DENOMINACIÓN DEL PUESTO SOLICITADO: _____

SECCIÓN O DEPARTAMENTO: _____

EXPERIENCIA PROFESIONAL:

- Empleos anteriores (Empresa, duración y tipo de contrato) _____
                                                            _____
                                                            _____
                                                            _____

- Motivos de cese:_____

- Motivos por los que desea este puesto:_____

- Colaboraciones con otras empresas: _____

OTROS DATOS DE INTERÉS:

- Carnet de conducir: .... SI / NO
- Disposición de vehículo propio. .... SI / NO
- Tiene familia a su cargo. .... SI / NO
- Tiene disponibilidad para viajar: .... SI / NO

- Indíquenos otros datos que puedan ser de utilidad: _____
_____
_____
_____
_____
_____
_____
_____

Página 1 de 1

2. Reclutamiento interno: Será el que utiliza fuentes internas para reunir a los posibles candidatos, y esto quiere decir, que el reclutamiento se realiza con personal de dentro de la empresa. Generalmente, este reclutamiento se debe o bien, a rotaciones o posibles traslados de personal, o bien a promociones de los trabajadores.

El realizar el reclutamiento dentro de la misma empresa conlleva ciertas ventajas:

- Coste más bajo.
- Se conoce mejor a los candidatos y por tanto el proceso es más válido.
- Es una fuente de motivación para el trabajador que ve que puede promocionarse y desarrollarse profesionalmente dentro de la empresa.
- Los candidatos ya conocen la empresa (su funcionamiento, cultura...) y esto nos ahorra tiempo respecto a su integración y adaptación.
- El proceso es más rápido.

Realizarlo fuera de la empresa también tiene ciertas ventajas:

- Se tiene acceso a un número mayor de candidatos para cubrir el puesto.
- Al no pertenecer a la empresa, y venir de "otras culturas empresariales" aportan nuevas ideas, que pueden enriquecer a las de la empresa.
- Se realiza el proceso con mayor objetividad al no conocer a los candidatos.

Ambos reclutamientos también tienen inconvenientes. El interno sobre todo, se verá afectado por la poca innovación al realizarse sólo con los trabajadores de la empresa, y el externo, resultará más largo y costoso y no dará tan altas garantías como el interno, sobre la integración de los trabajadores.

El que se elija un tipo u otro determinado de reclutamiento, o ambos, va a depender de muchos factores:

- Tipo de puesto de trabajo a cubrir.
- Posibilidad de promoción o rotaciones en la empresa.
- La existencia de posibles candidatos dentro de la empresa.
- El presupuesto para realizar el proceso.
- La necesidad de renovación e innovación en la empresa.

2.8. SEXTA FASE DEL PROCESO SIMPLIFICADO: APLICACION DE TECNICAS DE SELECCION.

Una vez analizado el puesto de trabajo, elaborado el perfil del candidato ideal para cubrirlo y el reclutamiento de los candidatos que potencialmente pueden adecuarse a él, queda la parte que con más objetividad debemos realizar.

Se trata de aplicar una serie de técnicas que nos ayuden a establecer comparaciones entre los candidatos y nos ayuden en nuestra elección final.

Las técnicas que vamos a utilizar dentro de este proceso que hemos denominado "simplificado" van a ser las siguientes.

1.- Análisis del curriculum.

2.- Entrevistas.

3.- Pruebas específicas de:

- Aptitudes
- Personalidad
- Motivación e intereses
- Habilidades sociales

4.- Pruebas prácticas profesionales.

5.- Pruebas de conocimiento.

2.8.1 TECNICAS PARA LA SELECCION: ANALISIS DEL CURRICULUM

Es conveniente, que antes de someter a los candidatos a pruebas y entrevistas realicemos una primera "selección" analizando y estudiando los curriculum que los aspirantes al puesto nos han presentado junto a sus hojas de solicitudes de empleo.

Este primer análisis nos ayudará a rechazar a algunos candidatos que no se ajustan al puesto, y nos ayudará a ahorrar tiempo y energía.

Para realizar este estudio, será importante elaborar una guía, donde dejemos bien claro los aspectos más importantes y valorables de aquéllos exigidos para el puesto.

GUIA PARA EL ANALISIS DE LOS CURRICULUM

	PONDERACION		PUNTUACION DEL CANDIDATO					PUNTUACION PARCIAL
NIVEL DE FORMACION	10	X	1	2	3	4	5	
EXPERIENCIA EN PUESTOS SIMILARES	9	X						
EXPERIENCIA EN OTROS PUESTOS	5	X						
OTROS CONOCIMIENTOS (Inglés, Informática, etc)	4	X						
DISPONIBILIDAD (Turnos noche, viajes, etc.)	3	X						
EDAD	2	X						
OTROS	1	X						
						PUNTUACION TOTAL		

Página 1 de 1

La ponderación que se le dé a cada factor dependerá del tipo de puesto de que se trate. Habrá puestos donde los conocimientos de informática e inglés sean irrelevantes y por lo tanto su ponderación será 1 ó 2 puntos; otros, en cambio, valorarán de forma prioritaria este tipo de conocimientos.

Pasará lo mismo con la disponibilidad para viajar (será decisivo en un puesto de trabajo de ventas, pero no para un auxiliar de administrativo).

Lo que sí será altamente ponderado en todos los puestos será el nivel de formación (hay que ver si el candidato, posee el nivel requerido para desempeñar el puesto, y la experiencia que el aspirante tiene en un puesto similar).

A cada candidato se le valorará de acuerdo con los siguientes criterios:

PUNTUACION	CRITERIO
1	No o nada
2	Poco
3	Medio o regular
4	Bastante
5	Sí o mucho

Una vez adjudicada cada puntuación para cada valor, éste será multiplicado por el valor ponderado y nos dará una puntuación parcial cuya suma se traducirá en una puntuación total.

En la guía aquí presentada sería lógico rechazar aquellos candidatos cuya puntuación total sea inferior a 135 o aquéllos cuya puntuación parcial en Formación sea inferior a 30 y en experiencia a 27.

Volvemos a insistir que esta guía deberá ser adaptada al puesto de trabajo analizado ya que se puede tratar de un puesto de trabajo que no requiera experiencia (entonces ésta no tendrá una ponderación alta) o un puesto donde la formación la lleve a cabo la empresa y por tanto el factor "nivel de formación" no sea una exigencia altamente valorada.

2.8.2 TECNICAS PARA LA SELECCION: ENTREVISTAS

La entrevista consiste en un diálogo entre dos personas que establecen una interacción con el objetivo de obtener una información determinada.

Cuando hablamos de "entrevista de selección" nos estamos refiriendo a una entrevista cuya finalidad es obtener información sobre unos aspectos determinados de los distintos candidatos aspirantes al puesto de trabajo.

Existen tres clases de entrevista:

$$
\text{Entrevista} \begin{cases} \text{Entrevista libre o no estructurada} \\ \text{Entrevista semiestructurada} \\ \text{Entrevista estructurada} \end{cases}
$$

Las tres difieren en cuanto al grado de estructuración de sus preguntas. Una **entrevista estructurada** es aquella cuyas preguntas están fijadas ya de antemano y donde no hay ninguna improvisación. Una **entrevista libre** o no estructurada será la que tiene lugar sin que el entrevistador haya elaborado de antemano las preguntas que se van a hacer al entrevistado. Ambas entrevistas tienen sus ventajas e inconvenientes. La estructuración es positiva, en tanto en cuanto, nos ayuda a no olvidar aspectos relevantes para nuestro propósito (obtener una información determinada) pero puede ser negativa, en el sentido de que no da la oportunidad al entrevistado de que espontáneamente nos cuente "sus cosas". La entrevista libre si crea ese ambiente de relajo y espontaneidad, pero al no haber ninguna estructuración, tiene el inconveniente de que muchas cuestiones, importantes para la obtención de información, son olvidadas.

Para tratar de obtener la mejor y mayor información acerca de los candidatos utilizaremos la **entrevista semiestructurada** que, dejando un lugar para la improvisación, tiene cierto grado de estructuración, necesario para la buena obtención de información.

Queremos también establecer una diferencia entre:

- Entrevista inicial
- Entrevista de profundidad, según se realicen al principio o al final del proceso.

Entrevista Inicial.

Con esta entrevista lo que se pretende es hacer una preselección de los candidatos. Se revisarán los datos del curriculum y se observarán ciertos aspectos del candidato que nos ayudarán a realizar una valoración rápida junto con la del curriculum, para eliminar aquellos aspirantes que no cumplan los requisitos básicos.

Requisitos básicos a valorar en una entrevista inicial
1.Formación
2.Experiencia profesional
3.Aspiraciones e intereses
4.Motivos de cambio
5.Otros conocimientos (idiomas, informática)
6.Otros datos de interés (determinados por el puesto)
7.Aspectos referidos a la persona (aspectos, maneras.etc.)

Los puntos 6 y 7 estarán determinados por la naturaleza del puesto de trabajo a desempeñar.

Serán datos de interés a valorar en un puesto de mozo de almacén su estado físico, su salud, mientras que estos datos no serán tan relevantes para un puesto de trabajo que desempeñar en una oficina.

Igualmente los aspectos referidos a la persona estarán en función del trabajo a realizar. Por ejemplo, el aspecto, forma de vestir... será valorable en un puesto de atención al público (como es un vendedor) y no tendrán tanto valor en un puesto de operario de una fábrica. Presentamos un guión básico para realizar la entrevista inicial.

GUIA BASICA DE LA ENTREVISTA INICIAL

1. RECEPCION.

   ▲ Presentación.
   ▲ Objetivo de la entrevista.

2. COMPROBACION Y RECOPILACION DE DATOS.

   ▲ Formación.
   ▲ Experiencia.
   ▲ Otros estudios.
   ▲ Aspiraciones.
   ▲ Intereses.
   ▲ Historia profesional (trayectoria).

3. INFORMACION SOBRE EL PUESTO DE TRABAJO.

   ▲ Puesto de trabajo.
   ▲ Empresa.
   ▲ Posibilidades de promoción, traslados, rotaciones, etc.

4. DESPEDIDA.

   ▲ Proceso a seguir en la selección.
   ▲ Comentarios finales.
   ▲ Despedida.

Página 1 de 1

Entrevista en profundidad.

Como ya ha quedado dicho, la entrevista es un instrumento muy útil para obtener una información que de otro modo sería difícil obtener. Además es un instrumento de bajo coste y sencillo de aplicar.

En la "entrevista en profundidad" ya no se trata de comprobar ciertos datos sobre el candidato, sino que su objetivo es comprobar la idoneidad del sujeto para desempeñar cierto puesto de trabajo. Se tratará de obtener toda la información posible para ver si el candidato posee los requisitos necesarios para el puesto.

Antes de pasar a describir el proceso a seguir en este tipo de entrevista nos gustaría destacar los aspectos que todo buen entrevistador no debe olvidar.

Características de un buen entrevistador
1.Saber escuchar y mostrar interés. 2.No emitir juicios de valor y ser tolerante con las actividades, opiniones y valores de los demás. 3.Saber crear un ambiente relajado y estimulante. 4.Tener empatía. 5.Comprensión. 6.Flexibilidad. 7.Cordialidad y afabilidad.

Fases de la entrevista en profundidad.

Aunque se trata de una entrevista semiestructurada, deberemos prepararla siguiendo un guión básico que nos ayude a no olvidar datos de interés.

1ª Fase: PREPARACION.

Deberemos familiarizarnos con el candidato a entrevistar; para ello recurriremos a su curriculum, o la hoja de solicitud de empleo tratando de revisar su trayectoria profesional y su historia personal, para fijar los datos o aspectos en los que nos interesa profundizar.

Al mismo tiempo, determinaremos el lugar donde se va a desarrollar la entrevista. Conviene que sea un lugar cómodo, con un mobiliario sobrio y sin extravagancias que incomoden al entrevistado. La idea es que el ambiente de la entrevista sea tranquilizador, y cómodo para que psíquicamente el candidato se sienta relajado y reciba una buena impresión de la empresa, aunque no llegue a la "fase final" del proceso, y no sea el "elegido".

Tendremos también preparado el modo en que se va a registrar la información. Sería bueno que el entrevistador se preparara también una ficha para anotar la información que el candidato nos va aportando.

2ª Fase: COMIENZO DE LA ENTREVISTA.

Trataremos de recibir de forma agradable y amable al entrevistado, intentando que se sienta acogido.

Comenzaremos con una breve presentación y con preguntas generales para facilitar que el entrevistado empiece a hablar sin tensiones, y comunicándole la finalidad de la entrevista.

3ª Fase: PROFUNDIZACION.

Una vez realizadas las presentaciones pertinentes pasaremos a profundizar sobre los aspectos que en la fase de preparación consideramos que era importante profundizar.

Estos datos serán relativos a:

• Formación
• Experiencia
• Motivo de cambio
• Intereses y aspiraciones
• Trayectoria profesional
• Situación familiar….

Al mismo tiempo trataremos de recoger otros datos de interés como son:

• Aspecto externo
• Forma de hablar
• Razonamiento
• Autocontrol
• Modales
• Capacidad de escucha…

4ª Fase: PRESENTACION DEL PUESTO.

Una vez profundizado en los aspectos que nos interesaban, pasaremos a describir el puesto de trabajo, ofreciéndole también una breve descripción de la empresa.

Es interesante que el candidato conozca bien el puesto y el tipo de empresa a la que pertenece, para que el entrevistado también reciba información y sepa si le interesa o no el puesto y no haya "sorpresas" finales.

5ª Fase: DESPEDIDA.

La despedida será breve y cordial tratando de que el candidato aclare las dudas finales y resumiéndole la continuidad del proceso y cuándo y cómo le comunicaremos el resultado.

Es importante que se lleve una buena impresión de la empresa y del proceso.

6ª Fase: INTERPRETACION.

La fase final de la entrevista consistirá en interpretar y valorar los resultados obtenidos, con el fin de determinar la idoneidad del candidato.

Para esta fase será muy útil usar una hoja de valoración, donde sistemáticamente se han detallado todos los aspectos evaluables y valorables.

HOJA DE VALORACIÓN DE LA ENTREVISTA EN PROFUNDIDAD

MISIÓN: _____

CANDIDATO: _____

	VALORACIÓN				
Formación	1	2	3	4	5
• Formación básica					
• Formación específica					
• Tiempo empleado					
• Actividades no académicas (seminarios, cursillos, etc.)					
Experiencia profesional	1	2	3	4	5
• Experiencia en puesto similar					
• Experiencia en otros puestos					
• Integración y relación en las otras empresas					
• Posición en el organigrama					
• Promociones					
• Motivos de cambio					
• Pretensiones económicas					
Datos relativos a su *personalidad*	1	2	3	4	5
• Comunicación					
• Autocontrol (estabilidad emocional)					
• Empatía					
• Decisión					
• Iniciativa					
• Sociabilidad					
• Tolerancia a la frustración					
• Improvisación					
Datos relativos a *procesos intelectuales*	1	2	3	4	5
• Claridad de ideas					
• Atención					
• Observación					
• Razonamiento					
• Fluidez verbal					
• Concentración					
• Capacidad de análisis					
• Capacidad de síntesis					
Otros aspectos valorables	1	2	3	4	5
• Aspecto físico					
• Forma de vestir					
• Modales					
• Situación familiar					
• Estilo personal					
• "Hobbies" o intereses relacionados con el trabajo					
• Motivación					
• Actitud hacia el entrevistador					

Página 1 de 1

GUION BASE DE LA ENTREVISTA EN PROFUNDIDAD

1ª FASE: PREPARACION.

▲ Revisión historia personal ⟶ ▼Datos del C.Vitae
▲ Revisión trayectoria profesional
▲ Preparar el lugar de la entrevista
▲ Elaborar una hoja de valoración

2ª FASE: COMIENZO DE LA ENTREVISTA.

▲ Recepción y acogida
▲ **Finalidad de la entrevista**
▲ Experiencia profesional

3ª FASE: PROFUNDIZACION.

▲ Formación
▲ Experiencia profesional
▲ Motivos de cambio
▲ Intereses y aspiraciones
▲ Trayectoria profesional
▲ Situación y datos familiares

4ª FASE: PRESENTACION DEL PUESTO.

▲ Presentación del puesto
▲ Remuneración
▲ Presentación de la empresa

5ª DESPEDIDA.

▲ Resumen de la continuidad del proceso
▲ Información sobre la comunicación de los resultados
▲ Cuestiones finales
▲ Despedida

Página 1 de 1

Recomendaciones para el desarrollo y cierre de la entrevista:

- Escuchar más que hablar.

- No emitir juicios de valor.

- No adoptar un tono autoritario.

- Mostrarse relajado.

- Crear un clima de apertura y confianza.

- Evitar la inversión de roles.

- Criticar los hechos, no las personas.

- Nos mostrarse agresivo y evitar discusiones.

- Formular las preguntas de una forma abierta para obtener más información.

- Asegurarnos de que hemos recogido toda la información deseada.

- Agradecerle su colaboración y mostrar una buena imagen de la empresa.

- Debemos ser lo más NEUTROS posible. No debemos dejar que vea que lo que dice nos impresiona favorable o desfavorablemente.

- Realizar las preguntas de forma abierta y sin emitir juicios (¿Qué opinas del matrimonio?) en lugar de (¿Te parece bien el matrimonio?).

Técnicas a utilizar en la entrevista en profundidad.

En la entrevista en profundidad, aparte de obtener información específica, también nos interesa obtener datos acerca de la personal (control de sus emociones, tolerancia a la frustración, etc.). Para ello, sería conveniente que el entrevistador utilizara distintas técnicas en la entrevista para poner a prueba al candidato.

Como técnicas más habituales destacamos:

a) Técnica de la guerra fría

Consiste en hacer esperar media hora al candidato antes de iniciar la entrevista. Durante esa media hora, lo habitual, es que el entrevistado se ponga nervioso y que cuando entre al lugar de la entrevista este hecho un "manojo de nervios". Observaremos así su control de las emociones y su capacidad de adaptación, e incluso su tolerancia a las frustraciones.

Puede que algún candidato se moleste por la falta de puntualidad y lo considere una falta de cortesía y nos lo haga ver; puede que otros se enfurezcan, porque ellos han sido puntuales y la empresa con ellos no; otros empezarán a "darle vueltas" a las cosas en su cabeza y se pondrán nerviosos. Otros por el contrario, sabrán mantener adecuado control de sus emociones y esperarán pacientemente.

b) Técnica del colaborador

Consiste en realizar la entrevista con la ayuda de un "colaborador" al que se le presentará al candidato como tal.

El colaborador puede intervenir o no (eso según se determine previamente). La idea, es crear cierto descontrol en el entrevistado y observar sus reacciones.

Cuando observemos que, el candidato, sólo se dirige al entrevistador, nos encontraremos, probablemente ante una persona dependiente, y poco segura.

c) Técnica del espía

Consiste en incluir en la sala de espera, junto con el candidato (o los candidatos) un "espía" de la empresa que haga el papel de un candidato más, pero que está enfadado y que critica a la empresa abiertamente.

El "espía" va a ser el <gancho> para sacarle información al candidato. Puede hacerse también a nivel de grupo. Todos los candidatos en la sala de espera y nuestro infiltrado criticando a la empresa; pero es más fructífero hacerlo a nivel individual.

c) Técnica del límite

Consiste en llevar al candidato a situaciones límite. La entrevista es realizada por dos entrevistadores que realizan las preguntas en tono agresivo: <¡Hablemos de usted!> en lugar de <¿Podría hacerme un breve resumen de su trayectoria profesional?>.

El objetivo es comprobar la agresividad del entrevistado, pero también su control.

d) Técnica de choque

Consiste en que el entrevistador realice las preguntas de forma tan rápida que cuando el entrevistado aún no ha terminado de dar su respuesta, ya le está haciendo otra pregunta y sobre otro tema distinto.

El entrevistador va saltando de un tema a otro.

Por ejemplo:

¿Es usted inteligente?.

¿Por qué ha elegido este puesto?.

¿Es mejor mandar u obedecer?. ¿Por qué?.

e) Otras técnicas: Crear silencios con interrupciones (llamadas de teléfono, o una Secretaria que entra....etc).

En resumen, lo que se pretende con estas técnicas es romper el hilo normal de la entrevista para comprobar como el entrevistado responde, cuál es su reacción ante las situaciones de tensión (si se pone nervioso, si lo controla y encaja bien la situación).

GUIA PARA LA REALIZACION DE UNA ENTREVISTA EN PROFUNDIDAD

	PROFUNDICE	TENGA EN CUENTA
PRESENTACION		- Modales - Aspecto - Grado de colaboración
SITUACION Y AMBIENTE FAMILIAR	- Estado civil - Profesión del conyuge - Profesión de los padres - Tipo de educación (colegio) - Nº de hermanos - Situación de los hermanos - Nº de hijos	- Nivel socioeconómico - Ambiente familiar y nivel - Equilibrio emocional y social - Influencias paternas
FORMACION	- Tipo de estudios - Calificaciones - Tiempo empleado en realizarlos - Asignaturas preferidas - Otros estudios	- Capacidad de aprendizaje - Conocimientos adquiridos - Intereses - Nivel intelectural
EXPERIENCIA PROFESIONAL	- Trabajos similares al puesto - Otros trabajos - Remuneraciones - Motivos de cambio - Dificultades en los trabajos anteriores - Lo que más le gustó de trabajos anteriores - Promociones - Rotaciones o traslados	- Capacidad de trabajo - Motivación - Tolerancia a la frustración - Capacidad para trabajar en equipo - Eficacia en el trabajo - Trayectoria profesional
INTERESES	- <hobbies> y aficiones - Actividades culturales y sociales - Como plantea sus vacaciones y su tiempo de ocio - Pertenece a clubs o asociaciones	- Organización de su tiempo - Energía y dinamismo - Nivel social y cultural - Intereses relacionados con el trabajo
OTROS DATOS RELATIVOS AL PUESTO	- Porqué desea el puesto - Limitaciones y capacidades para ese puesto - Necesita o no formación para desempeñarlo - Se ajusta a su personalidad	- Capacidades y aptitudes - Formación - Personalidad - Sociabilidad
DESPEDIDA	- Resumen de la continuidad del proceso - Despedida	

Página 1 de 1

62

PREGUNTAS CLAVE PARA LA ENTREVISTA DE SELECCION

1.- Cuénteme algo de usted
2.- ¿Por qué desea este puesto de trabajo?
3.- ¿Qué sabe de esta empresa?
4.- ¿Por qué cree que es usted el candidato idóneo para el puesto?
  ¿Qué cualidades tiene usted que le permitan creer que es válido para desempeñar el puesto?
5.- Hábleme de su/s trabajo/s anteriores
6.- ¿Por qué quiere cambiar de empresa?
7.- Descríbame su estilo de trabajo
8.- ¿Cuál es su principal motivación hacia el trabajo?
9.- ¿Cuál es el ambiente ideal de trabajo para usted
10.- Hábleme de problemas que tuvo en su anterior trabajo. ¿Cómo los resolvió?
11.- ¿Prefiere una empresa grande o pequeña? ¿Por qué?
12.- Hábleme de los éxitos que tuvo en su anterior trabajo
13.- ¿Tenía subordinados a su cargo?. Hábleme de ellos. ¿Qué piensan de usted?
14.- ¿Qué piensan sus jefes de usted?
15.- Se considera un buen empleado
16.- Digame cuales son sus principales características de personalidad
  -   Puntos fuertes
  -   Puntos débiles
17.- ¿Qué cosas o situaciones le hacen perder el control?
18.- ¿Le gusta trabajar más en grupo o en solitario
19.- ¿Cómo eran sus relaciones con su grupo de trabajo?
20.- ¿Cree que puede aportarnos alguno nuevo?. ¿Qué?.

Página 1 de 1

2.8.3 TECNICAS PARA LA SELECCION: PRUEBAS ESPECIFICAS

Las pruebas específicas hacen referencia a un tipo de pruebas, o tests, cuyo objetivo es evaluar el grado de ajuste de la persona al puesto de trabajo, con base en una serie de factores evaluados en cada una de las pruebas aplicadas.

Dependiendo del puesto de trabajo a cubrir y en función de los profesiogramas se utilizarán unas u otras.

En el proceso de selección que hemos denominado general y que es el que habitualmente se utiliza, se suelen aplicar unos tests psicológicos estandarizados, cuya aplicación e interpretación requieren una formación psicológica determinada y no están al alcance de cualquier persona.

Estos tests son de dos clases:

a) Proyectivos, son pruebas subjetivas cuyas respuestas son libres y que requieren una interpretación por un profesional formado en la materia.

b) Psicométricos, son pruebas objetivas cuyas respuestas suelen ser precisas y concretas y cuya corrección la puede realizar cualquier persona con una formación básica en la materia.

En nuestro proceso utilizaremos pruebas de carácter objetivo, porque partimos de la idea de que este manual va dirigido a profesionales no formados en esta materia. Consideramos que debemos dividir las pruebas específicas en cuatro grandes bloques:

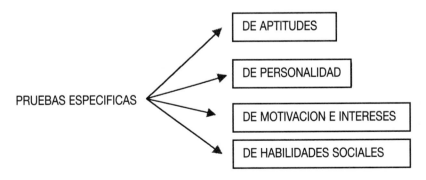

Pruebas específicas de aptitudes.

Lo primero que hay que hacer es dejar bien claro el concepto de **aptitud**.

Aptitud es una predisposición especial que tiene la persona para realizar una determinada actividad.

No hay que confundirlo con habilidad o capacidad ya que estos términos hacen referencia a la disposición de la persona para realizar alguna actividad, tras un período de formación o práctica.

La aptitud es algo natural en la persona y no necesita de este aprendizaje previo. La aptitud es previa a la capacidad.

Los tests de aptitudes tienen como objetivo, detectar el potencial de las personas, que no depende sólo del aprendizaje. Las aptitudes que más suelen evaluarse en los procesos de selección son las siguientes:

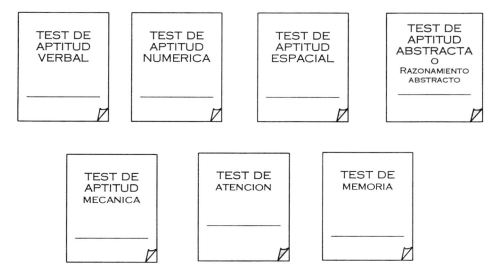

Vamos a pasar a definir cada una de las aptitudes presentando alguna prueba para su medición.

A.- Aptitud verbal.

La aptitud verbal es la que determina que la persona tenga facilidad para comprender sin dificultad el significado de las palabras y sus relaciones en un contexto verbal. Presentamos, a continuación el siguiente test.

TEST DE APTITUD VERBAL

Instrucciones:

A continuación le presentamos una serie de cuestiones que tratan de evaluar su comprensión y razonamiento verbal.

Cada pregunta tiene cuatro respuestas, solo una es la correcta. Debe señalarla rodeándola con un círculo.

Dispone de 10 minutos para contestar. Trate de realizarlo lo más deprisa posible pero no descuidando sus respuestas.

Ejemplo:

¿Qué es lo contrario de húmedo?

a – fresco   (b)– seco   c – mojado   d – caliente

- Vacío es lo mismo que:

a – vertical   b – ligero   (c)– hueco   d – cóncavo

Preguntas:

1.- ¿Qué significa ermitaño?

   a – monje   b – solitario   c – filósofo   d – enano

2.- ¿Cuál de éstas cuatro cosas no puede agruparse con las demás?

   a – tarta   b – naranja   c – plátano   d – cereza

3.- ¿Qué significa calmante?

   a – astringente   b – absorbente   c – sedante   d – vehemente

4.- ¿Qué palabra iría en segundo lugar en orden alfabético?

   a – cerilla   b – cerdo   c – cerrado   d – cereza

5.- ¿Qué significa aquiescencia?

   a – afirmación   b – discusión   c – aceptación   d – negación

Página 1 de 4

6.- Uñas es a gato como para la abeja es:

a – miel   b- panal   c – cera   d – aguijón

7.- Cuando algo está licuado está

a – líquido   b – sólido   c – gaseoso   d – congelado

8.- Dinámico es lo contrario de:

a – sobrio   b – socio   c – estático   d – resistente

9.- ¿Qué palabra no pertenece a la misma categoría?

a – Madrid   b – La Rioja   c – Barcelona   d – Valencia

10.- Letra es a palabra como oración es a :

a – párrafo   b- frase   c – letra   d- fonema

11.- ¿Qué significa dubitativo?

a – Reflexivo   b – pensativo   c – dudoso   d – autoritario

12.- El perro ladra y el elefante

a – maúlla   b – ruge   c – barrita   d – grazna

13.- ¿Cuál, es la penúltima letra de la palabra NAUFRAGIO?

a – O   b – A   c – I   d – G

14.- De estas cuatro palabras ¿Cuál viene primero en el diccionario?

a – uñas   b – último   c – urraca   d – uvas

15.- ¿Qué es un alambique?

a – alquitara   b – alambre   c – acequia   d – tinaja

16.- ¿Cuál no corresponde?

a – Dentista   b – Oftalmólogo   c – Ginecólogo   d – Biólogo

17.- ¿Qué significa común?

a – corriente   b – parecido   c – igual   d – similar

18.- ¿Qué es lo contrario de soberbia?

a – humildad   b – paciencia   c – timidez   d – calma

19.-Lo que no desaparece ...

a – muere   b – se marchita   c – permanece   d – se va

20.- ¿Cuál no corresponde?

a- – revista   b – periódico   c – libro   d – postal

21.- Gafas es a ojos como audífono a ...

a – pies   b – garganta   c – dientes   d – oído

22.- Biblioteca es a libros como pinacoteca a ...

a – discos   b – periódicos   c – cuadros   d – películas

23.- ¿Cuál no corresponde?

a – gustar   b – oír   c – tocar   d – comer

24.- Lo contrario de obsoleto es

a – moderno   b – antiguo   c – oscuro   d – agradable

25.- ¿Qué es un nómada?

a – errante   b – pastor   c – prehistórico   d – caminante

26.- Oftalmólogo es a ojos como podólogo es a ...

a – pies   b – esófago   c – intestino   d – estómago

27.- ¿Qué es lo contrario de traición?

a – cobardía   b – valentía   c – fidelidad   d – honestidad

28.- Fé, esperanza y ...

a – amor   b – caridad   c – bondad   d – sinceridad

29.- Después de la tempestad viene la ...

a – tormenta   b – calma   c – ola   d – galerna

30.- Lo contrario de pésimo es ...

a – óptimo   b – malo   c – mejor   d – bueno

31.- ¿Cuál no corresponde?

a – tornero   b – albañil   c – fontanero   d – contable

32.- ¿Qué es lo contrario de heterogéneo?

a – abstracto   b – desigual   c – homogéneo   d – igual

33.- ¿Qué es sinuoso?

a – curvo   b – recto   c – directo   d – inclinado

34.- ¿Qué es putrefacto?

a – maloliente   b – podrido   c – estropeado   d – sucio

35.- ¿Qué es adular?

a – alabar   b – adorar   c – blasfemar   d – criticar

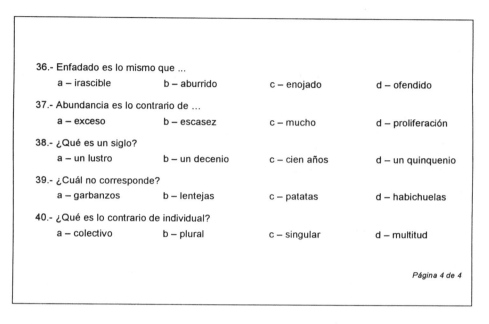

36.- Enfadado es lo mismo que ...

    a – irascible   b – aburrido   c – enojado   d – ofendido

37.- Abundancia es lo contrario de ...

    a – exceso   b – escasez   c – mucho   d – proliferación

38.- ¿Qué es un siglo?

    a – un lustro   b – un decenio   c – cien años   d – un quinquenio

39.- ¿Cuál no corresponde?

    a – garbanzos   b – lentejas   c – patatas   d – habichuelas

40.- ¿Qué es lo contrario de individual?

    a – colectivo   b – plural   c – singular   d – multitud

Página 4 de 4

- Corrección:

1	a	**b**	c	d	21	a	b	c	**d**
2	**a**	b	c	d	22	a	b	**c**	d
3	a	b	**c**	d	23	a	b	c	**d**
4	a	b	c	**d**	24	**a**	b	c	d
5	**a**	b	c	d	25	a	b	c	**d**
6	a	b	c	**d**	26	**a**	b	c	d
7	**a**	b	c	d	27	a	b	**c**	d
8	a	b	**c**	d	28	a	**b**	c	d
9	a	**b**	c	d	29	a	**b**	c	d
10	**a**	b	c	d	30	**a**	b	c	d
11	a	b	**c**	d	31	a	b	c	**d**
12	a	b	**c**	d	32	a	b	**c**	d
13	a	b	**c**	d	33	**a**	b	c	d
14	a	**b**	c	d	34	a	**b**	c	d
15	**a**	b	c	d	35	**a**	b	c	d
16	a	b	c	**d**	36	a	b	**c**	d
17	**a**	b	c	d	37	a	**b**	c	d
18	**a**	b	c	d	38	a	b	**c**	d
19	a	b	**c**	d	39	a	b	**c**	d
20	a	b	c	**d**	40	**a**	b	c	d

- <u>Valoración</u>

Por cada respuesta acertada se otorgará un punto. La suma final de puntos nos dará la puntuación total.

Se puede establecer una puntuación media por debajo de la cual se considerará una baja aptitud verbal.

Esta puntuación media puede ser de 25 puntos. La dificultad de las preguntas estará en función del nivel de los aspirantes al puesto. Se puede modificar la prueba simplificando las preguntas.

<u>Variantes de los tests de aptitud verbal</u>

Como hemos dicho la aptitud verbal evalúa la disposición natural de la persona para comprender palabras, y sus relaciones en un contexto verbal.

Una variante de estos tests es centrarnos sólo en un aspecto como puede ser la FLUIDEZ VERBAL.

Fluidez verbal es la facilidad o disposición que una persona tiene para expresar palabras que cumplan una serie de condiciones.

Los tests encargados de evaluar este factor intentan comprobar cómo en un espacio breve de tiempo la persona es capaz de expresar palabras.

A continuación, presentamos dos modelos de tests de Fluidez Verbal.

TEST DE FLUIDEZ VERBAL (1)

Instrucciones:

A continuación deberá escribir el mayor número posible de palabras que empiecen por la letra F.

No podrá repetir la misma palabra ni utilizar derivados (pan, panecito, panadería).

Dispone de 4 minutos para escribir todas las palabras que se le ocurran.

Realización:

Escriba palabras que empiecen por F.

_____   _____   _____

_____   _____   _____

_____   _____   _____

_____   _____   _____

_____   _____   _____

_____   _____   _____

_____   _____   _____

_____   _____   _____

_____   _____   _____

_____   _____   _____

Página 1 de 1

- Valoración

Como criterio, podemos utilizar el siguiente:

Nivel medio ●————————→ de 40 a 50 palabras.

Por debajo de este nivel indicará poca fluidez verbal.

TEST DE FLUIDEZ VERBAL (2)

Instrucciones:

Como podrá observar en este test, hay una serie de palabras. Usted deberá escribir cuatro palabras que terminen en la misma sílaba de la palabra dada.

Ejemplo:

MALETA   Careta   nieta   carta   bicicleta

Dispone de 10 minutos para escribir todas las palabras que se le ocurran.
Trabaje deprisa pero con exactitud.

Realización:

1. LANA				
2. PERA				
3. GUSANO				
4. OJO				
5. CAMIONERO				
6. CANARIO				
7. PESA				
8. PUERTO				
9. MELOCOTON				
10. PANADERIA				
11. CANTO				
12. MANUEL				
13. PAREJA				
14. BANCO				
15. COMPRADOR				
16. CAZUELA				
17. MASTICAR				
18. PERLA				
19. MORDER				
20. CONSULTOR				
21. BIGOTE				
22. ORO				
23. MUCHO				
24. SILLA				
25. MELON				
26. MOJAR				
27. BOMBERO				
28. CALCETIN				
29. PRACTICAS				
30. VALIENTE				
31. LAPIZ				
32. MADEJA				
33. HABITACION				
34. MATERIALISTA				
35. PONCHE				

Página 1 de 1

72

- Valoración

No hay una clase de respuestas correctas. Se admitirán palabras en castellano, incluidos diminutivos, derivados, etc.

Como nivel medio podemos establecer el siguiente:

Nivel medio ●————————→ 70 palabras correctas.

Este nivel podrá ser modificado en función del nivel de los aspirantes.

B.- Aptitud numérica.

La aptitud numérica hace referencia a la disposición natural de la persona para trabajar y pensar con números y resolver problemas de cálculo numérico.

Las pruebas que pueden evaluar esta aptitud pueden ser de dos tipos:

1. Pruebas de cálculo. Consisten en una serie de operaciones aritméticas que pueden ser desde simples sumas hasta operaciones más complicadas, y que el evaluado deberá resolver en un espacio corto de tiempo.

   Lo que se trata de ver es la rapidez y exactitud del candidato para trabajar con números.

2. Pruebas de razonamiento numérico. Nos da información sobre la manera de razonar de la persona. Trata de evaluar su razonamiento numérico y para ello las preguntas que se hacen son de dos tipos:

   - Problemas sencillos.
   - Series numéricas.

TEST DE APTITUDES NUMERICAS (1)

Instrucciones

A continuación presentamos una serie de operaciones numéricas (sumas y restas) con cuatro posibles soluciones (a, b, c y d). Usted deberá realizarlas mentalmente y rodear la letra de la respuesta correcta.

Dispone de 5 minutos, trabaje deprisa pero sin equivocarse.

Ejemplo:

1) Sumar	45 28	a- 63 b- 73 c- 68 d- 83
2) Restar	97 53	a- 54 b- 43 c- 44 d- 62

Preguntas

1) Sumar	80 30 25 42	a- 177 b- 167 c- 107 d- 187
2) Restar	25 16	a- 8 b- 11 c- 10 d- 9
3) Sumar	40 25 32 15	a- 122 b- 102 c- 92 d- 112
4) Restar	97 35	a- 72 b- 62 c- 132 d- 82
5) Sumar	80 42 95 30	a- 237 b- 247 c- 147 d- 257
6) Restar	117 98	a- 29 b- 18 c- 19 d- 9
7) Sumar	45 23 45 23	a- 146 b- 126 c- 136 d- 116
8) Restar	35 26	a- 19 b- 9 c- 7 d- 10

Página 1 de 4

9) Sumar	27 35 66 87	a- 115 b- 205 c- 225 d- 215
10) Restar	198 36	a- 172 b- 172 c- 182 d- 162
11) Sumar	23 45 78 96	a- 222 b- 242 c- 252 d- 232
12) Restar	66 58	a- 9 b- 7 c- 8 d- 6
13) Sumar	107 42 95 38	a- 282 b- 284 c- 272 d- 274
14) Restar	73 25	a- 47 b- 48 c- 58 d- 56
15) Sumar	10 25 98 98	a- 212 b- 232 c- 221 d- 231
16) Restar	115 96	a- 18 b- 19 c- 29 d- 9
17) Sumar	110 110 23 29	a- 272 b- 262 c- 273 d- 271
18) Restar	98 89	a- 7 b- 8 c- 9 d- 19
19) Sumar	951 873 863	a- 2786 b- 2787 c- 2687 d- 2886
20) Restar	198 175	a- 23 b- 33 c- 123 d- 143
21) Sumar	933 145 777	a- 1755 b- 1851 c- 2855 d- 1855
22) Restar	81 76	a- 5 b- 15 c- 14 d- 6
23) Sumar	35 36 37 38	a- 156 b- 146 c- 145 d- 155

24) Restar	216 99	a- 107 b- 117 c- 127 d- 107
25) Sumar	40 36 28 65	a- 169 b- 179 c- 168 d- 178
26) Restar	991 86	a- 905 b- 805 c- 915 d- 815
27) Sumar	86 75 22 36	a- 218 b- 228 c- 119 d- 219
28) Restar	85 39	a- 45 b- 56 c- 46 d- 55
30) Sumar	25 32 81 49	a- 177 b- 187 c- 197 d- 188
30) Restar	111 38	a- 74 b- 173 c- 73 d- 174
31) Sumar	23 93 43 83	a- 241 b- 234 c- 232 d- 142
32) Restar	691 33	a- 657 b- 558 c- 658 d- 667
33) Sumar	33 95 33 95	a- 256 b- 246 c- 255 d- 146
34) Restar	146 91	a- 35 b- 155 c- 45 d- 55
35) Sumar	77 89 77 59	a- 301 b- 312 c- 302 d- 303
36) Restar	52 48	a- 14 b- 4 c- 3 d- 13
37) Sumar	25 33 63 49	a- 170 b- 160 c- 179 d- 169

38) Restar	82 67	a- 35 b- 25 c- 15 d- 14
39) Sumar	99 99 38 38	a- 173 b- 271 c- 273 d- 264
40) Restar	983 96	a- 887 b- 987 c- 977 d- 897

Página 4 de 4

- Corrección:

1	**a**	b	c	d	21	a	b	c	**d**
2	a	b	c	**d**	21	a	**b**	c	d
3	a	b	c	**d**	22	a	**b**	c	d
4	a	**b**	c	d	23	a	**b**	c	d
5	a	**b**	c	d	24	**a**	b	c	d
6	a	b	**c**	d	25	**a**	b	c	d
6	a	b	c	d	26	a	b	c	d
7	a	b	**c**	d	27	a	b	c	**d**
8	a	**b**	c	d	28	a	b	**c**	d
9	a	b	c	**d**	29	a	**b**	c	d
10	a	b	c	**d**	30	a	b	**c**	d
11	a	**b**	c	d	31	**a**	b	c	d
12	a	b	**c**	d	32	a	b	**c**	d
13	**a**	b	c	d	33	**a**	b	c	d
14	a	**b**	c	d	34	a	b	c	**d**
15	a	b	c	**d**	35	a	b	**c**	d
16	a	**b**	c	d	36	a	**b**	c	d
17	**a**	b	c	d	37	**a**	b	c	d
18	a	b	**c**	d	38	a	b	**c**	d
19	a	**b**	c	d	39	a	**b**	c	d
20	**a**	b	c	d	40	**a**	b	c	d

- Valoración

Se puede efectuar la evaluación siguiendo dos tipos de criterios:

Criterio 1

Por cada acierto se otorgará un punto. La suma total será la puntuación del sujeto.

$$\text{Puntuación total} = \text{Número de aciertos}$$

Consideramos que la puntuación media es de 20 puntos; por debajo de la cual, la aptitud numérica será baja o muy baja dependiendo de la puntuación.

Criterio 2

Por cada acierto se otorgará un punto positivo.

Por cada error se otorgará un punto negativo.

La puntuación total será la resta de los aciertos menos los errores.

$$\text{Puntos} = \text{Aciertos} - \text{Errores}$$

Consideramos aquí también que la puntuación media puede ser de 20 puntos, aunque esta puntuación puede ser inferior según se quiera exigir un nivel más alto o más bajo.

Utilizar el criterio 1 ó 2, dependerá del grado de dificultad que queramos dar a la prueba. Este grado de dificultad estará determinado por el nivel de los aspirantes, la cualificación del puesto y el perfil del puesto (o profesiograma) que indicarán en qué grado este requisito es exigible a los candidatos.

Si utilizamos el criterio 2 deberemos indicarlo en las instrucciones, para que el aspirante al puesto, sepa que sus preguntas mal contestadas restarán puntos.

El criterio 2 admite todo tipo de variantes que, como hemos dicho, depende del grado de dificultad que queramos conferir a la prueba.

Una variante sería:

Acierto: *+1* punto

Error: *-0,5* puntos

Esta prueba puede también ser modificada introduciendo divisiones y multiplicaciones. Lo que aumentaría su grado de dificultad. Las preguntas serían de este tipo:

a) Multiplicar	83 x4	a- 232 b- 332 c- 333 d- 334
b) Dividir	705 : 3	a- 235 b- 135 c- 234 d- 134

TEST DE APTITUDES NUMERICAS (2)

Instrucciones:

A continuación presentamos una serie de cuestiones numéricas que en el espacio de tiempo que le damos debe resolver. Las cuestiones planteadas son de dos tipos:

- problemas aritméticos sencillos.
- series numéricas, en las que debe averiguar el número que sigue.

Cada cuestión tiene cuatro posibles respuestas. Debe marcar la letra de la respuesta correcta.

Dispone de unas hojas para efectuar las operaciones que crea oportunas. Tiene 25 minutos, trabaje deprisa pero sin equivocarse.

Ejemplo:

a) 2-4-8-16	a- 24 b- 18 c- 32 d- 20
b) Si una persona compra 12 postales y cuestan 35 pesetas cada una ¿Cuánto dinero se gastará	a- 420 pts. b- 320 pts c- 433 pts d- 57 pts.

Preguntas

1) Continúe la serie

1-3-5-7-9	a-10 b-11 c-13 d-15

2) Compré dos decenas de peras y 5 salieron malas. ¿Con cuantas buenas me quedé?

a-15
b-19
c-13
d-14

3) Continúe la serie

2-2-4-6-10	a-10 b-14 c-12 d-16

Página 1 de 5

4) En un autobús vacío subieron 12 personas en la primera parada y bajaron 3 en la segunda. En la tercera se duplicó el número de pasajeros y en la cuarta subieron 8 más. ¿Con cuantos pasajeros viajaba el autobús cuando llegaron a la 4ª parada?.

a - 25
b - 32
c - 31
d - 26

5) Continúe la serie

1-2-4-7-11	a-16 b-15 c-13 d-17

6) Si una persona compra 13 bolígrafos con 546 pesetas ¿Cuántos podrá comprar con 462 pesetas?

a-10
b-12
c-11
d- 9

7) Continúe la serie

1-2-3-2-5-2	a-2 b-4 c-6 d-7

8) Juan tiene 1 cartón de cajetillas de tabaco y se fuma 1 paquete y medio en dos días ¿Cuántos cigarrillo le quedan?

a-170
b-180
c-200
d-195

9) Continúe la serie

3-6-9-12	a-15 b-17 c-16 d-19

10) Compré 20 acciones a 5.000 pesetas cada una, y las vendí a 6.500 pesetas. Si el beneficio que obtuve fue de 13.500 pesetas. ¿Cuántas acciones vendí?

a-8
b-9
c-7
d-13

11) Continúe la serie

81-27-9-3-	a-3 b-2 c-0 d-1

12) Cuatro hermanos heredan 1.500.000 pesetas a repartir de la siguiente forma: La mayor recibe ½ de la herencia y la otra mitad se reparte a partes iguales entre los tres ¿Cuánto reciben cada uno de los tres?.

a-200.000
b-175.000
c-500.000
d-250.000

13) Continúe la serie

40-32-24-16-	a-9 b-4 c-8 d-10

14) Si una persona compra 17 sellos a 2,50 pesetas cada uno y dispone de una moneda de 200 pesetas. ¿Cuándo dinero le sobra?

a-160,5
b-162,5
c-157,5
d-158,5

15) Continúe la serie

5-8-11-14-17-	a-20 b-19 c-23 d-21

16) ¿Cuánto dinero me gasté si compré 7 cajas a 480 pesetas la docena?

a-380
b-180
c-280
d-175

17) Continúe la serie

5-1-5-3-5-7-	a-9 b-5 c-11 d-13

18) Juan ahorra 250 pesetas cada día. ¿Cuánto habrá ahorrado en 3 semanas?

a-5.250
b-4.250
c-5.200
d-6.550

19) Continúe la serie

81-72-63-54-	a-36 b-42 c-45 d-50

20) Un automóvil circula a 85 Km. Por hora y debe recorrer 765 Kms. ¿Cuántas horas tardará en recorrerlo?

a-11
b-13
c-8
d-9

21) Continúe la serie

1,2-3,2-5,2-7,2-	a-13.2 b-8,2 c-11,2 d- 9,2

22) Pedro se ha comido la mitad de la caja de bizcochos y Ernesto la cuarta parte. Sabiendo que Pedro ha comido 4 bizcochos más que Ernesto. ¿Cuántos bizcochos había en la caja?

a-20
b-16
c-18
d-19

23) Continúe la serie:

105-102-99-96-	a-93 b-95 c-90 d-91

24) Un reloj se adelanta 3 minutos al día. ¿Cuántos días habrán pasado si el reloj lleva 1 hora de retraso?

a-15
b-30
c-20
d-25

25) Continúe la serie:

0-3-2-5-4-	a- 6 b- 7 c- 9 d-11

26) Compré 2 Kg. de manzanas a 440 pesetas. ¿Cuánto me costarán 250 gramos.?

a-55
b-50
c-65
d-60

Página 5 de 5

84

- Corrección:

Pregunta	a	b	c	d	Pregunta	a	b	c	d
1	X				14		X		
2	X				15	X			
3				X	16			X	
4				X	17		X		
5	X				18	X			
6			X		19		X		
7				X	20				X
8	X				21				X
9	X				22		X		
10		X			23	X			
11				X	24			X	
12				X	25		X		
13			X		26	X			

- Valoración

Se computará 1 punto por cada respuesta correcta. La puntuación total es la suma de todos los aciertos.

Se puede considerar como puntuación media la de 15 puntos.

Como ya se dijo en la prueba anterior esta puntuación media se puede variar en función del grado de dificultad que queramos que la prueba tenga.

C.- Aptitud espacial.

La aptitud espacial es la que nos permite visualizar los objetos en el espacio y comprender sus relaciones espaciales en las tres dimensiones.

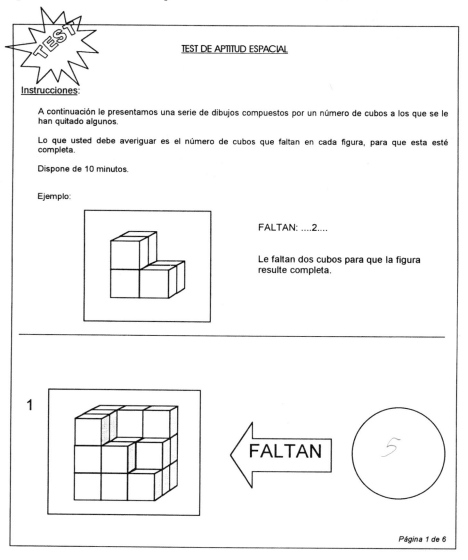

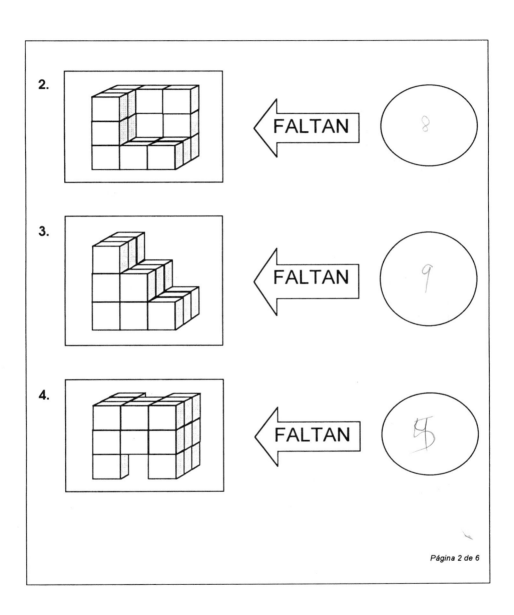

2. FALTAN 8

3. FALTAN 9

4. FALTAN 5

87

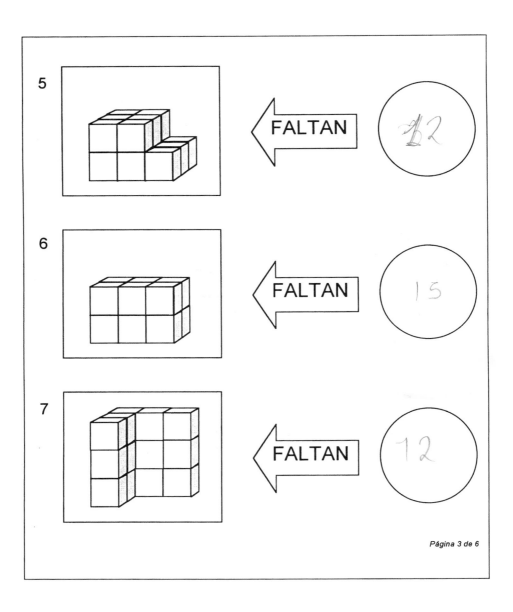

5 FALTAN 12

6 FALTAN 15

7 FALTAN 12

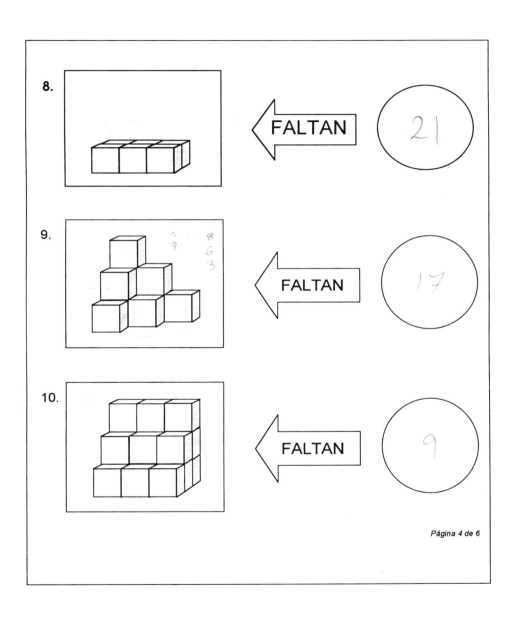

8. FALTAN 21

9. FALTAN 17

10. FALTAN 9

Página 4 de 6

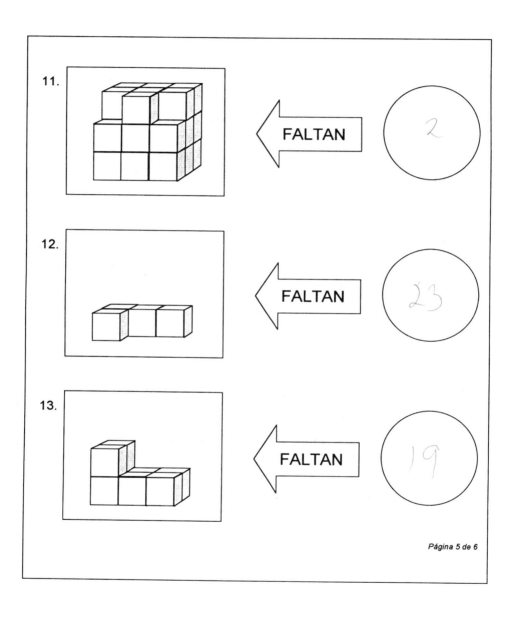

11. FALTAN 2

12. FALTAN 23

13. FALTAN 19

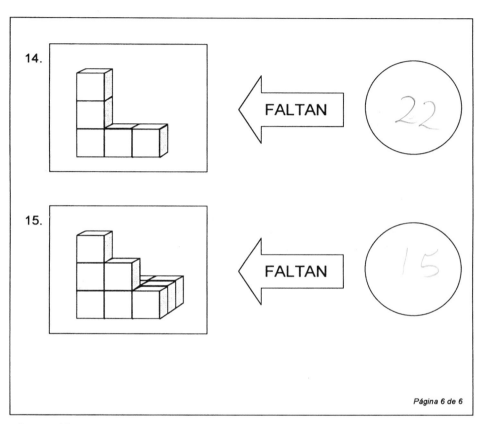

- Corrección:

Nº Pregunta	Solución
1	**Faltan 5 cubos**
2	4
3	9
4	5
5	12
6	15
7	12
8	21
9	17
10	9
11	2
12	23
13	19
14	22
15	15

- Valoración

Podemos considerar que una persona dispone de una buena aptitud espacial cuando no ha cometido más de 2 errores en la prueba.

Como siempre, este criterio lo podemos variar en función del grado de dificultad que queramos dar a la prueba.

D.- Aptitud abstracta.

La aptitud abstracta también denominada "Razonamiento abstracto" (o razonamiento lógico), hace referencia a la disposición natural de las personas para resolver problemas lógicos o abstractos.

Esta aptitud está muy relacionada con el nivel intelectual de las personas y a veces ha sido utilizada para establecer un juicio acerca de la capacidad intelectual. Esto último no debe hacerse ya que existen pruebas estandarizadas para medir la inteligencia con un rigor y fiabilidad mucho mayores.

TEST DE APTITUD ABSTRACTA

Instrucciones:

A continuación le presentamos una serie de figuras cuyo orden guarda una relación; lo que usted debe hacer es averiguar ese orden y elegir, según ese criterio, la figura de la derecha que continuaría la serie. Rodee con un círculo la letra de la casilla elegida.

Dispone de 3 minutos. Trabaje deprisa pero sin equivocarse.

Ejemplo:

La solución correcta sería la **B** puesto que la flecha no sólo va disminuyendo de tamaño sino que también va cambiando de lugar siguiendo este orden: izquierda-centro-derecha-centro-izquierda.

Buscaríamos entonces una flecha pequeñita y a la izquierda como la de la casilla B

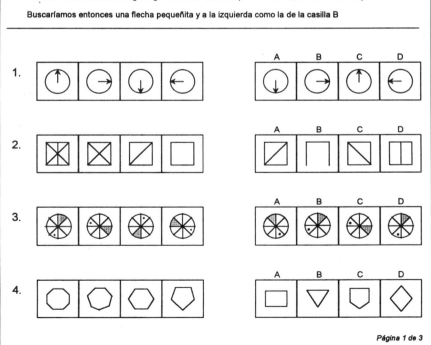

93

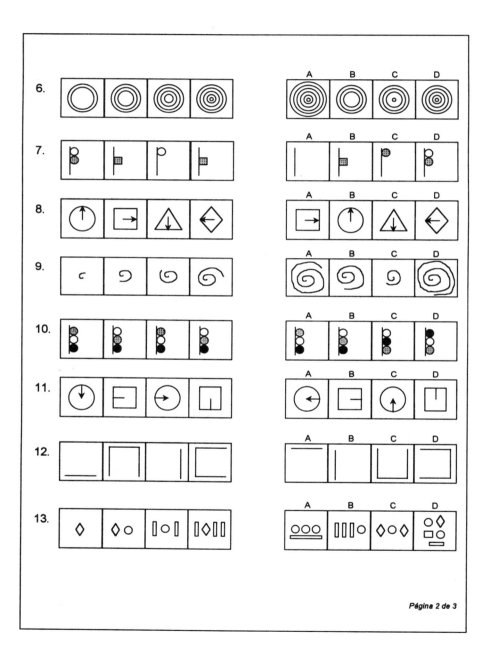

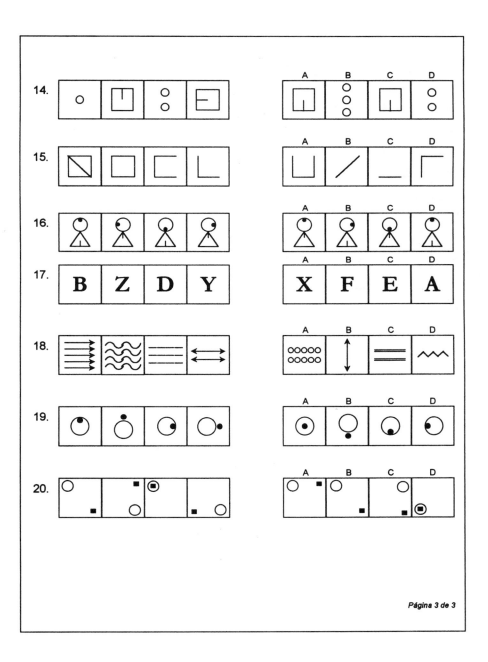

- Corrección:

	A	B	C	D		A	B	C	D
1			X		11			X	
2		X			12	X			
3				X	13				X
4	X				14		X		
5				X	15			X	
6	X				16				X
7				X	17		X		
8		X			18				X
9		X			19			X	
10	X				20		X		

- Valoración

Se computará 1 punto por cada acierto. La suma total de aciertos nos dará la Puntuación Total.

Como criterio de valoración podemos establecer que 14 puntos puede considerarse una puntuación media.

Este criterio, como en las otras pruebas, puede modificarse según el nivel de los aspirantes.

E.- Aptitud mecánica.

La aptitud mecánica hace referencia a la disposición natural de la persona para resolver cuestiones de tipo técnico y mecánico. Para comprender el funcionamiento de las cosas.

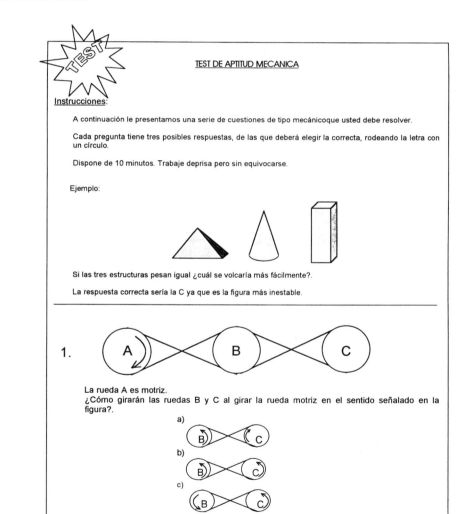

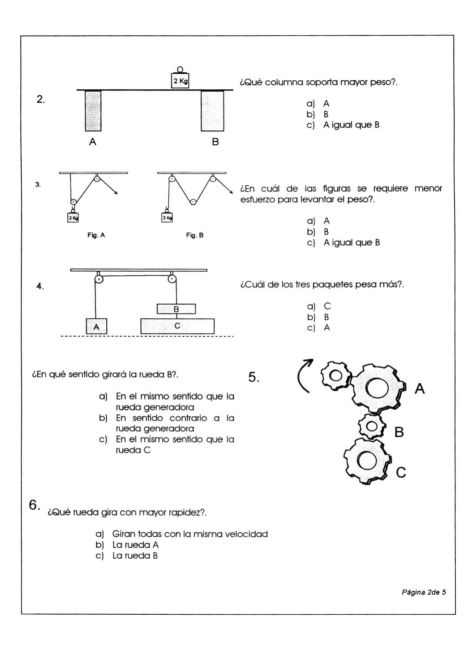

2. ¿Qué columna soporta mayor peso?.

    a) A
    b) B
    c) A igual que B

A   B

3. Fig. A   Fig. B

¿En cuál de las figuras se requiere menor esfuerzo para levantar el peso?.

    a) A
    b) B
    c) A igual que B

4. ¿Cuál de los tres paquetes pesa más?.

    a) C
    b) B
    c) A

¿En qué sentido girará la rueda B?.

5.

    a) En el mismo sentido que la rueda generadora
    b) En sentido contrario a la rueda generadora
    c) En el mismo sentido que la rueda C

6. ¿Qué rueda gira con mayor rapidez?.

    a) Giran todas con la misma velocidad
    b) La rueda A
    c) La rueda B

Página 2de 5

98

7. ¿Con cual de esta hélices necesitará el avión un motor de menos potencia?.

A   B   C

a) A
b) B
c) C

8.

Cuando está abierta la llave de paso A, ¿ cuál de los tres grifos no tendrá agua?.

a) 3
b) 2
c) 1

9.

Cuando esté abierta la llave de paso A, ¿ en qué grifo saldrá el agua con más presión?

a) 3
b) 2
c) 1

10.

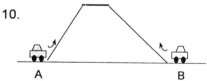

A   B

¿Qué coche tendrá que utilizar mayor potencia para llegar a la cima?.

a) A
b) B
c) Los dos igual

Página 3 de 5

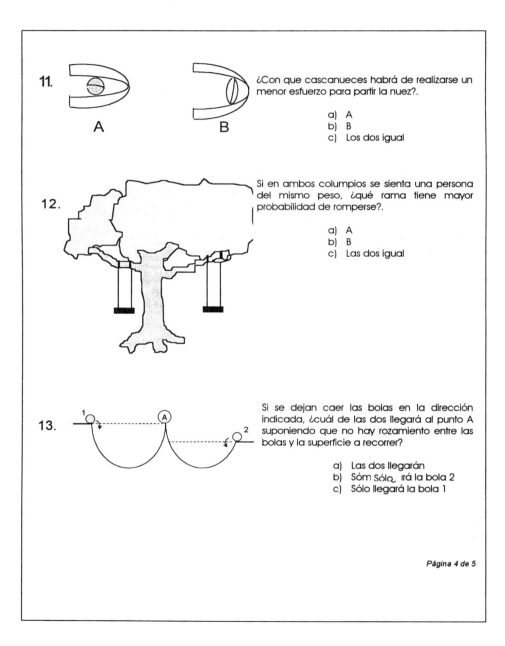

11.

A   B

¿Con que cascanueces habrá de realizarse un menor esfuerzo para partir la nuez?.

a) A
b) B
c) Los dos igual

12.

Si en ambos columpios se sienta una persona del mismo peso, ¿qué rama tiene mayor probabilidad de romperse?.

a) A
b) B
c) Las dos igual

13.

Si se dejan caer las bolas en la dirección indicada, ¿cuál de las dos llegará al punto A suponiendo que no hay rozamiento entre las bolas y la superficie a recorrer?

a) Las dos llegarán
b) Sóm Sólo irá la bola 2
c) Sólo llegará la bola 1

Página 4 de 5

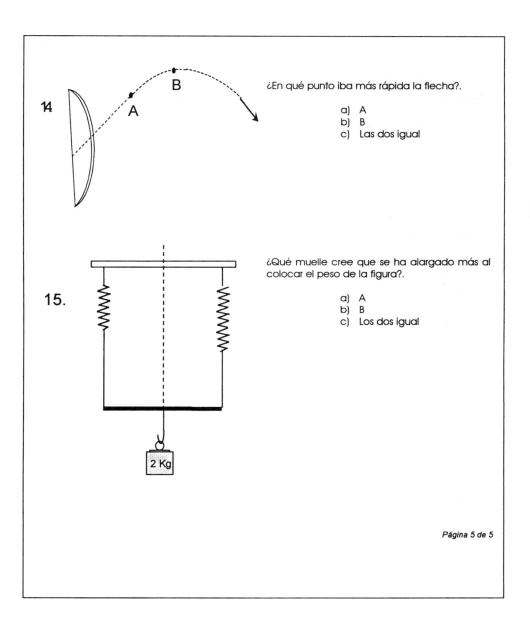

14

¿En qué punto iba más rápida la flecha?.

a)   A
b)   B
c)   Las dos igual

15.

¿Qué muelle cree que se ha alargado más al colocar el peso de la figura?.

a)   A
b)   B
c)   Los dos igual

2 Kg

Página 5 de 5

- Corrección:

Pregunta	A	B	C	Pregunta	A	B	C
1	X			11	X		
2		X		12		X	
3		X		13			X
4	X			14	X		
5	X			15			X
6			X				
7		X					
8			X				
9	X						
10	X						

- Valoración

Por cada respuesta acertada se concederá 1 punto. La suma final de aciertos nos dará la puntuación total.

Consideramos una puntuación media haber acertado 9 cuestiones correctamente. Criterio que puede variar.

F.- Atención.

La atención es una función cognitiva que nos permite seleccionar la información deseada, rechazando el resto.

Las pruebas para evaluar la atención van a ser tests que combinan rapidez y exactitud en realizar tareas simples.

TEST DE ATENCION

Instrucciones:

A continuación le presentamos una serie de letras. La tarea consiste en tachar las letras contiguas que sigan el orden alfabético.

Dispone de 10 minutos. Trabaje deprisa pero sin equivocarse.

```
a p q t y s m ñ i o t v w z f g e a u o d c t b c t d r h n e s y x j k o i l n r u v s p ñ o j u t m a b t y s t q
ñ r l m a i o t l b k u i p a u t s a c d a u t g h f i ñ y u v t s m l o v g o p t q a i a t c e f h j k y p q ñ t o
p s m t f l b d e n f g i u h l v o e p s c r i o ñ x y t l n o m i l t a e g s v x z t u n o t s p q n a q n t a i a
b n ñ i x z w u r s a c n t j l k m n o t s a i c d o t r l x t u v t s x p t n ñ a s m t c e d f g o h i l n p o s r
t a i s r t a i c d o e f h r q y i v z f g a u o d t c b r h e y x o u t m y o t s c e n a p q a y c d o t s u v x
y a t s m i o u t l i e p z a b s n t ñ i p m t x y s z a c g k l t y v p t s j s j t u x i t x t u n u i a x p t z o s
u m i j k t y z p q w z n ñ j p s u t a i p g o t u v n m l a d e o s x y m z u n q r t s a y o n ñ a i o u p e f
u n o y z t n o s a n x z w i n j s p t m y o t n y s o p q n t i p b c p t a m n o s r a ñ y z p q j n i j p s m
d y a t l n s o u w i s z c p q n m a y s a u p t j m ñ o p y m c b o u t c x y m p b o b c d e n p t o s m
m a t o s u l t m u v s t u o s m t x o w x u v c y t x u s o p m t l n ñ p q s r c b   n ñ a i b c t c d i o e a
t m x p t x u n t p c m t u n l m p s c k j k p h i t a b s r c a p t i j y.
```

Página 1 de 1

- Valoración

Se puntuará otorgando 1 punto por cada respuesta correcta.

Se valorarán negativamente los errores o respuestas no contestadas (no localizadas). Como puntuación media se puede considerar p = 40, aunque este criterio es orientativo y como ya hemos dicho se puede variar en función del nivel que queramos otorgar a la prueba.

▼ Resistencia a la fatiga.

No se trata de ninguna aptitud específica, pero está muy relacionada con la atención.

Por resistencia a la fatiga, entendemos aquellas personas que ante tareas rutinarias, mecánicas y sencillas de ejecutar, que en definitiva son monótonas y fatigosas mentalmente son capaces de ejecutarlas durante largo tiempo sin que su rendimiento, apenas sufra una disminución.

Para evaluar este factor utilizaremos pruebas similares a las de atención.

RESISTENCIA A LA FATIGA

Instrucciones:

A continuación le presentamos un texto, en el cual deberá tachar todas las <a> y <b> que encuentre en él.

Primeramente, deberá hacer lo que se le ha indicado, tratando de ser lo más rápido posible durante 3 minutos.

Seguidamente se le entregará otro texto donde deberá hacer exactamente lo mismo también durante 3 minutos.

(Elegir 2 textos cualquiera, lo suficientemente largos, con el mismo tipo y tamaño de letra)

Página 1 de 1

- Valoración

Se contarán los errores y aciertos de cada uno de los textos.

Si entre ambos apenas existe diferencia se puede concluir con que la persona resiste bien la fatiga.

Si comete más errores en el segundo texto, que en el primero, nos indicará que tiene una resistencia menor.

Si los errores del segundo texto superan a 10 en los cometidos en el primero, el evaluado tiene una deficiente resistencia a la fatiga.

G.- Memoria.

La memoria, igual que la atención, es una función cognitiva que nos permite retener cierta información y evocarla después.

Podemos hablar de dos tipos de memoria:

1. Memoria mediata, que nos permite recordar hechos o datos transcurridos hace tiempo.

2. Memoria a corto plazo o inmediata, que nos permite evocar datos, hechos, etc. (información) almacenados en un breve espacio de tiempo.

Para evaluar cada una de estas memorias utilizaremos distintas pruebas.

TEST DE MEMORIA MEDIATA

Instrucciones:

A continuación se le va a leer un texto que usted deberá escuchar con atención. Transcurrida media hora se le van a realizar una serie de preguntas acerca del texto leído.

Trate de estar atento a la lectura , reteniendo el mayor número de datos.

< La política de <tierra quemada> en la guerra de Kosovo no cesa. Ayer, el centro de Malisevo, principal bastión del Ejército de liberación de Kosovo (ELK) era pasto de las llamas, mientras que cerca de 20.000 refugiados albaneses siguen dispersos en los alrededores sin poder volver a suis hogares. El Alto Comisariado de la ONU para los Refugiados (ACNUR) denunció que se estaban destruyendo todos sus medios de subsistencia.

Malisevo es lo más parecido a una ciudad fantasma. La población ha huido de sus calles antes de que las fuerzas policiales se hicieran con su control. Mientras los edificios ardían res agentes se encontraban a unos 50 metros del lugar. Sin embargo, ninguno de ellos hizo además alguno de intervenir, y tampoco los bomberos dieron señales de vida por el lugar.

Al contrario, algunos testimonios aseguraban que habían visto a los policías llenar con gasolina las botellas de Coca-Cola y confiscar la cinta que estaba grabando un equipo de televisión. Justo en uno de los restaurantes que ardían se había instalado una docena de policías, donde se dedicaban a beber cerveza y descansar mientras continuaban sus misiones de limpieza de guerrilleros por los alrededores.

Tom Vargas, coordinar del Alto Comisariado de la ONU para los Refugiados (ACNUR) calificó de <ironía> que las agencias humanitarias se dediquen a llevar ayuda a los refugiados que huyeron a Malisevo>

Página 1 de 3

1.- ¿Cómo se llama la política de la guerra de Kosovo?

a.- <política quemada>
b - Política de <tierra quemada>
c - ELK
d - Política de <ciudad quemada>

2.-¿Cuántos refugiados siguen dispersos en los alrededores?

a-   20.000
b-   200.000
c-   30.000
d-   100.000
3.- ¿quién denunció que estaban destruyendo todos los medios de subsistencia?

a-   El Comisario de la ONU
b-   El ACUR
c-   El ACNUR
d-   El Alto Comisariado

4.- ¿Qué ciudad dice que es lo más parecido a una <ciudad fantasma>.

a-   Malivo
b-   Kosovo
c-   Malisevo
d-   Malisheva

5.- ¿Cuántos agentes se encontraban cerca del lugar donde ardían los eficios?

a-   diez
b-   ciencuenta
c-   dos
d-   tres

6.- ¿A cuanta distanciase encontraban estos agentes?

a.   50 metros
b.   100metros
c.   150 metros
d.   20 metros

7.- Ningún agente policial intervino mientras los edificios ardían, (quienes tampoco intervinieron)

a-   bomberos
b-   Alto Comisariado
c-   Periodistas
d-   Refugiados

8.- ¿Con qué se dice, que llenaban los policías las botellas de Coca-Cola?

a- agua
b- gasolina
c- gasóleo
d- petróleo

9.- ¿Cuántos policías se habían instalado en uno de los restaurantes que ardía?

a- una decena
b- cinco
c- dos
d- una docena

10.- ¿Qué hacían estos po?cías)

a- beber cerveza y descansar
b- beber vino y descansar
c- beber whisky y descansar
d- beber cerveza y mirar

11.- ¿Cómo se llama el coordinar del Alto Comisariado de la ONU para los Refugiados?.

a- Manuel Vargas
b- Tom Berenguer
c- Tom Vargas
d- Manuel Berenguer

12.-¿Cómo calificó este coordinador la ayuda a los refugiados?

a- ironía
b- feroz
c- utopía
d- inutil

13.- Las siglas ELK corresponden a ...

a- Ejército Liberal de Kosovo
b- Ejército Libre de Kosovo
c- Ejército Lider de Kosovo
d- Ejército de Liberación de Kosovo

14.- ¿Dónde huyeron algunos de lso refugiados?

a- Kosovo
b- Malisheva
c- Malisevo
d- A la <ciudad fantasma>

- Corrección:

pregunta	A	B	C	D	pregunta	A	B	C	D
1		X			11			X	
2	X				12	X			
3			X		13				X
4			X		14		X		
5				X
6	X			
7	X			
8		X		
9				X
10	X			

- Valoración

Se computará 1 punto por cada respuesta correcta. La suma total de aciertos nos dará la puntuación final.

Como criterio se puede adoptar el siguiente:

Nivel medio = Puntuación de 10

El criterio podemos modificarlo según nuestras necesidades.

- Variante de la prueba

Para dificultar el nivel de la prueba se pueden suprimir las opciones de respuesta (a, b c y d) dejando la pregunta abierta y que el evaluado deberá escribir.

El test incrementa así su dificultad ya que en lugar de utilizar una memoria de reconocimiento (reconocer entre las cuatro opciones la respuesta ya <oída>) deberá usar una memoria de evocación (evocar la respuesta almacenada en nuestra memoria).

La valoración se hará igual que en la primera opción.

TEST DE MEMORIA A CORTO PLAZO O INMEDIATA
Prueba de dígitos

Instrucciones:

A continuación se le van a dictar una serie de dígitos (números primero y letras después) que usted deberá escribir de inmediato en su hoja.

Primeramente deberá escribirlos en el mismo orden que dictan distan y luego, cuando se le indique, debe hacerlo en orden inverso (es decir, escribir primero el último, después el penúltimo,... y así hasta llegar al primero)

Mantenga toda la atención posible. No hay tiempo de ejecución para esta prueba, pero entre lectura y lectura se esperarán solo unos minutos.

SERIE I (orden directo)

1ª	7-8-9-3
2ª	8-2-5-6-1
3ª	9-3-5-8-6-2
4ª	4-3-1-9-6-7-2

SERIE II (orden inverso)

1ª	6-5-8-2
2ª	5-4-9-6-2
3ª	8-3-2-5-9-1

SERIE III (orden directo)

1ª	M- X- T-P
2ª	P-B-S-M-Ñ
3ª	J-K-L-T-R-D
4ª	N-M-L-X-P-Y-S

SERIE IV (orden inverso)

1ª	Q-P-T-R
2ª	P-Ñ-Q-M-D
3ª	C-B-S-X-R-T

Página 1 de 1

- Valoración

Si se realizan correctamente las cuatro series se valorará con un nivel de MUY ALTO la Memoria Inmediata.

Si se realizan correctamente la mitad de las series (al menos las dos primeras series de dígitos y números de cada Serie I, II, III y IV) el nivel será MEDIO.

Por debajo de este nivel, la memoria será deficiente.

Pruebas específicas de personalidad.

La personalidad es un concepto muy amplio y muy difícil de describir. Digamos que hace referencia al *modo de ser y comportarse* de cada uno, y este modo de ser engloba conceptos tan importantes y amplios como inteligencia, sociabilidad, motivación....

En concreto, a nosotros lo que nos interesa, es saber cómo se desenvuelve la persona en su medio (y sobre todo el laboral) y qué rasgos predominan en su forma de ser, para ver si se adecúa al puesto de trabajo en cuestión.

En el proceso general de selección de Personal, se utilizan distintos cuestionarios de Personalidad (16 PF de Catell, MMPI, EPI de Eysenk CEP de Pinillos...) pero estos cuestionarios sólo pueden ser aplicados e interpretados por psicólogos formados en la materia. Además presentan una serie de problemas:

1. Las personas no se conocen a sí mismas lo suficiente, como para contestar a las preguntas de una manera exacta.

2. Las preguntas, a veces, están formuladas de tal manera, que pueden ser interpretadas de distinta manera según sea el sujeto que las lea y esto le resta validez y fiabilidad.

3. Muchas situaciones laborales no pueden ser representadas en las preguntas del cuestionario y no podemos entonces obtener esa información.

4. Se pueden falsificar las respuestas para tratar de dar una imagen más positiva de nosotros, ya que se trata de pruebas de autoevaluación.

5. Pueden estar afectados por los llamados "estilos de respuesta" (tendencia a responder de una forma determinada).

Estilos de respuesta:

a) Aquiescencia (tendencia a decir siempre Sí ó No).
b) Evasión (tendencia a quedarse con la respuesta <intermedia> regular, o no lo sé).
c) Tendencia a marcar la respuesta de la derecha o de la izquierda.
d) Tendencia a responder al azar (como una <quiniela>).
e) Tendencia a responder de forma irreflexiva y rápidamente.

También suelen utilizarse "tests proyectivos" donde se utilizan pruebas poco estructuradas de tipo subjetivo, a las que la persona va a dar respuestas libres (no hay una respuesta correcta para cada pregunta o cuestión). Este tipo de pruebas son mucho más fiables que los cuestionarios, porque no pueden ser manipuladas por el evaluado, pero tiene el inconveniente de que su aplicación es mucho más larga (al ser individual generalmente) y su interpretación debe ser realizada por expertos.

En nuestro proceso "simplificado", teniendo en cuenta la dificultad que de por sí tiene el evaluar la personalidad, incluso para los expertos, y la dificultad del manejo de ciertas pruebas más fiables (tests proyectivos), vamos a utilizar la DINÁMICA DE GRUPOS, que consideramos de más fácil utilización para la persona no formada.

La <u>Dinámica de grupo</u> que proponemos consiste en la representación escénica de situaciones reales y prácticas de la vida laboral, asumiendo distintos papeles.

Se tratará de que todos participen y cada vez actuarán unos cuantos y el resto del grupo serán observadores activos, que evaluarán y comentarán la representación.

Se pueden utilizar diversas técnicas:

a) Puede haber varios <dinamistas> que intervienen o no y observan y registran todo el proceso.

b) Se puede presentar un <caso emocional> para evaluar este aspecto. Por ejemplo, imaginad un incendio en vuestra casa ¿qué haríais, si en una habitación está un hijo pequeño (un bebé) y en otra está vuestro cónyuge que no puede moverse (por que se ha caído).

c) Presentar un <caso laboral>. Por ejemplo, si estamos seleccionando a <secretarias> se puede presentar el siguiente caso:

"Imaginad que habéis sido contratados por una empresa y os quedáis responsables por un día, ya que los directivos se han ido a un Congreso. ¿Qué haríais si os dais cuenta de que dos directivos de igual rango os han dejado una orden cada una, que son contrarias entre sí?."

Para valorar la actuación de cada candidato se puede utilizar el cuadro de la página siguiente:

ASPECTO A VALORAR	POSITIVO Valor 5 puntos	NEGATIVO Valor 1 punto	PUNTUACIÓN 1 2 3 4 5
Participación	Se mostró muy participativo	Apenas participó	
Interés	Muy Interesado	No mostró interés	
Actividad	Activo	Pasivo	
Sociabilidad	Abierto Se integró mucho en el grupo	Individualismo Estuvo alejado del grupo	
Iniciativa	Emprendió las tareas o discusiones	Se dejó llevar por los demás	
Colaboración	Colaboró en todo momento	No colaboró en nada	
Tolerancia a la frustración	Toleró muy bien todas las frustraciones.	No toleró las frustraciones	
Decisión	Se mostró decidido en todo	Indeciso	
Control de Emociones (Estabilidad emocional)	Controló muy bien sus emociones (serenidad)	Tensión No controló sus emociones (Impresionable)	
Creatividad	Ideas originales	No ofreció nada	
Vitalidad	Se mostró muy vital y dinámico	Pasividad	
Organización (orden, método)	Llevó muy bien la tarea	La dispersó	
Objetividad	Fue objetivo y claro con sus ideas	Se mostró confuso	
Dominancia	Impositivo, autoritario, mandón	Se dejó llevar por otros	
Seguridad	Se mostró seguro. Confiado en sí mismo	Inseguro Retraído	
Diplomacia	Muy diplomático	Falta de tacto	
Adaptabilidad	Fue aceptado Saber aceptar los consejos de los demás	Fue rechazado	
Actitud crítica		Influenciable	
Resolución	Rápido, resuelto ligero. Busca solucionar	No ofrece ni ideas ni soluciones	
Espontaniedad	Natural, espontáneo	Artificioso	
Liderazgo	Dirigió el grupo	No influyó en nada	
Improvisación	Se le ocurrieron ideas rápidamente	No supo improvisar lento en reflejos	
Comunicabilidad	Comunicó muy bien sus ideas	Reserva	
Convicción	Supo convencer sus ideas fueron aceptadas	No convenció sus ideas fueron rechazadas	

Otros aspectos a valorar y observar pueden ser:

- Tranquilidad.
- Firmeza de carácter.
- Escandaloso.
- Impulsividad.
- Que va a <la suya>.
- Hiperactividad.
- Timidez.

En realidad, la escala de valoración deberemos confeccionarla según los factores que queramos evaluar, que estarán determinados por el profesiograma para no extendernos en muchos aspectos, ya que sino se nos escaparán los datos importantes al querer abarcar muchos factores.

Construiremos así el perfil del candidato de sus características personales.

Pruebas específicas de motivación e intereses.

La motivación, es junto a las aptitudes y la personalidad uno de los aspectos decisivos para el desempeño con éxito del candidato en el futuro puesto de trabajo.

Por motivación entendemos la tendencia de la persona a encaminarse a determinados objetivos o fines. Está muy relacionado con la satisfacción de necesidades. Podríamos hablar de un proceso con tres fases:

FASE 1   Fase impulsora

▼

FASE 2   Fase activa

(Se emprende la búsqueda de la satisfacción de esa necesidad se busca como objeto)

▼

FASE 3   Fase de satisfacción

(Se consigue el objeto buscado)

En la selección de nuestro <candidato ideal> deberemos obtener información acerca de aquello que motiva a la persona, aquello que le lleva a emprender acciones.

Será bueno recoger información sobre sus necesidades, motivaciones e intereses. Para ello utilizaremos la técnica de la entrevista. En realidad, lo que proponemos es que en la entrevista en profundidad, se dedique un apartado para ahondar en este tema.

A continuación presentamos una serie de preguntas clave para este fin.

GUIÓN

Preguntas clave para la motivación e intereses

1. ¿Por qué quiere realizar un trabajo como este?
2. ¿Qué le llevó a realizar esos estudios? (especificar el tipo de estudios y por qué le interesa ese tipo de formación)
3. ¿Le gusta trabajar más en equipo o solitario?
4. ¿Le gusta mandar o ser mandado?
5. ¿Cuál considera que es un buen ambiente de trabajo?
6. ¿Aprovecha las oportunidades que tiene para aprender cosas nuevas sobre su trabajo?
7. ¿Revisa su actuación en el trabajo y se plantea nuevos modos de realizarlo?
8. ¿Las tareas que realiza le gustan ¿. ¿Por qué?
9. ¿Trabaja para conseguir un beneficio económico o para su desarrollo personal y profesional?.
10. ¿Qué aspiraciones tiene?
11. ¿Cuál cree que debe ser el sueldo de este trabajo?.
12. ¿Qué le pediría a sus Superiores?
13. ¿Qué le pediría a sus subordinados?
14. ¿Qué le pediría a su grupo de iguales?
15. ¿Qué <hobbies> y aficiones tiene?
16. Investigar su situación familiar y económica
17. Por lo que conoce o ha oído de esta empresa, ¿Qué le gusta de ella?
18. ¿Qué no le gusta?
19. ¿Qué cambiaría?
20. ¿Le interesan más las actividades de tipo manual o intelectual?
21. ¿Le interesan más las cuestiones de tipo numérico, mecánico o literario?
22. ¿Le gusta recibir información sobre el resultado de su trabajo?.¿ Y valoración?

- Valoración

Al igual que en la entrevista, lo que se intenta recoger es toda la información posible sobre los motivos que le impulsan a trabajar, el ambiente de trabajo que le motiva y las cosas que le interesan.

La idea es que una persona motivada aumenta su rendimiento en su trabajo.

Pruebas específicas de habilidades sociales.

El estudio de las habilidades sociales del candidato, nos va a ofrecer información muy válida de cara a realizar predicciones sobre: su integración en el futuro grupo de trabajo, las relaciones con los compañeros de trabajo, su capacidad de asertividad, de afirmación de sí mismo ante los demás.

Es importante tener en cuenta este factor, de cara a la elección final del candidato, ya que podemos tener una persona muy formada, con muchas aptitudes y mucha experiencia en la materia, pero que debido a su falta de habilidades sociales tenga un bajo rendimiento en el desempeño de su trabajo, al no integrarse en su grupo de trabajo.

Por supuesto, que este factor será más o menos decisivo, según se trate de un puesto de trabajo u otro. (Un puesto de vendedor exigirá y requerirá unas habilidades sociales muchos más desarrolladas, que un puesto de bibliotecario).

Para la evaluación de este factor podemos utilizar la dinámica de grupos empleada para evaluar las características de la personalidad de los candidatos. En la hoja de valoración incluiremos los siguientes conceptos a valorar:

POLO POSITIVO	NEGATIVO
- Diplomacia	- Falta de tacto
- Comunicabilidad	- Reserva
- Sociabilidad	- Individualismo
- Extroversión	- Hermetismo. Introversión
- Colaboración	- No colaboración
- Adaptación	- Inadaptación
- Espontaneidad	- Artificiosidad

Cuando las habilidades sociales sean un aspecto determinante del puesto de trabajo, del profesiograma, tal vez sea indicado profundizar más en este aspecto. Para ello, además de lo anterior, utilizaremos la siguiente escala.

ESCALA DE HABILIDADES SOCIALES

A continuación le presentamos una serie de frases con las que usted se sentirá más o menos identificado. La tarea consiste en que nos indique en la columna de la derecha el grado de identificación con las mismas, siguiendo esta clave:

5 - Sí o siempre me pasa
4 - Casi siempre me pasa
3 - A veces me pasa
2 - Casi nunca me pasa
1 - No o nunca me pasa

	1	2	3	4	5
1.- No me siento cómodo cuando hay mucha gente a mi alrededor					
2.- Normalmente me desenvuelvo bien cuando estoy en reuniones					
3.- Me gusta más estar y trabajar en solitario que en grupo					
4.- Suelo llevar la "voz cantante" cuando estoy en grupo					
5.- A veces no sé que decir y me pongo nervioso					
6.- No me gusta hablar en grupo					
7.- Siempre tengo en cuenta la gente que hay a mi alrededor cuando hago algún comentario o crítica					
8.- Siempre que puedo evito hacer llamadas de teléfono a personas que no conozco					
9.- Cuando digo no a alguien me siento culpable					
10.- No me molesta hablar de mis sentimientos					
11.- Me gusta regatear los precios cuando hago alguna compra.					
12.- Me considero una persona tímida					
13.- A veces pierdo el control en las discusiones					
14.- Me gusta conocer gente nueva					
15.- Me gustaría dar una charla o conferencia ante un gran auditorio					
16.- A veces, me da la sensación de que la gente se aprovecha de mí					
17.- En mis ratos libres me gusta estar con mis amigos					
18.- Me gusta ir a fiestas y reuniones sociales					
19.- Alguna vez he comprado algo que no necesitaba, porque no he sabido frenar al vendedor					
20.- Suelo iniciar las conversaciones					
21.- Me cuesta hacer propuestas					
22.- Cuando estoy con desconocidos, estoy nervioso					

Página 1 de 2

23.- No tengo problemas en admitir que no sé alguna cuestión					
24.- Cuando alguien tiene una opinión contraria a la mía, me cuesta seguir con la conversación					
25.- Cuando alguien me dice que no, no vuelvo a intentarlo					
26.- Me gusta hacer cumplidos.					
27.- Cuando alguien me <la hace, me la paga>					
28.-Cuando hago algo mal siempre pido perdón					
29.- Cuando estoy con alguien de rango superior a mi no me atrevo a llevarle la contraria					
30.- Siempre me ha costado pedir una cita a alguien del sexo contrario.					

Página 2 de 2

- Valoración

Cada pregunta se valorará según la opción elegida (5,4,3,2,1) otorgando esos puntos. En la escala hay unos items que valoran de una forma positiva y otros negativos

1	2	3	4	5	6	7	8	9	10	11	12	13	14	15
-	+	-	+	-	-	+	-	-	+	+	-	-	+	+

16	17	18	19	20	21	22	23	24	25	26	27	28	29	30
-	+	+	-	+	-	-	+	-	-	+	-	+	-	-

La valoración se hará de la siguiente forma:

Puntuación total = Suma respuestas positivas - Suma repuestas negativas

Como criterio seguiremos el siguiente:

Puntuaciones de 48 a -12.   Puntúa un Nivel alto o medio alto en ASERTIVIDAD.

Puntuación   -12.   Nivel medio en ASERTIVIDAD.

Puntuaciones de -12 a -72.   Nivel bajo o Nivel muy bajo en ASERTIVIDAD.

2.8.4 TECNICAS PARA LA SELECCION: PRUEBAS PRACTICAS PROFESIONALES

A veces, en algún proceso de selección, será interesante someter al candidato a pruebas donde desempeñen tareas o funciones propias del puesto de trabajo.

Para ello, se elegirán las tareas o funciones más representativas del puesto y se evaluará el rendimiento del candidato.

Para la evaluación se pueden utilizar diversas herramientas. Por ejemplo, se puede usar el método de las escalas gráficas o el de las escalas de juicio que pasamos a describir.

* **Método de las escalas gráficas.**

Es uno de los más utilizados.

Consiste en rellenar un formulario provisto de cada uno de los factores de evaluación del desempeño con unos grados de variación definidos breve, clara y concisamente.

Posteriormente, el evaluador (generalmente su superior) rellenará la escala correspondiente a cada candidato basada en estos criterios.

La formulación final se conseguirá sumando los puntos de cada factor (máximo: 5 - mínimos:1) obtenidos por el empleado:

Puntuación por factores		Clasificación
5	----------------------------------	EXCELENTE
4	----------------------------------	BUENO
3	----------------------------------	SUFICIENTE
2	----------------------------------	LAGUNAS
1	----------------------------------	BAJO

118

ESCALA GRAFICA

ESCALA GRAFICA PUESTO...

FACTOR	5	4	3	2	1
1.FORMACION TECNICA	Muy superior a la del puesto	Bastante superior	Adecuado al puesto	Algo inferior a la necesaria	Insuficiente
2.CANTIDAD DE TRABAJO	Alta productividad	Bastante producción	Producción media	Productividad algo insuficiente	Muy poca producción
3.CALIDAD DE TRABAJO	Trabajo muy bien realizado sin fallos ni errores	Comete algún pequeño fallo pero su trabajo es bastante bueno	Su calidad es media. Se equivoca lo normal	Comete bastantes fallos	Comete muchos fallos y errores
4.COMPROMISO	Actitud muy positiva con la tarea	Actitud buena ante la tarea	Se compromete medianamente	Actitud regular ante el trabajo	Actitud muy negativa ante la tarea
5.DISCIPLINA	Comportamiento muy bueno. Cumple las normas	Conecta con las normas y órdenes	Se comporta de acuerdo con el reglamento	No hace mucho caso de las normas	No hace caso de las normas. Va a la suya
6.CAPACIDAD PRACTICA	Conoce muy bien su trabajo y no necesita supervisión	Se puede confiar en él pero a veces hay que supervisarle	Conoce bien su trabajo. A veces hay que hacerle alguna indicación	Debe ser guiado con frecuencia y supervisado continuamente	No puede ejecutar lo asignado
7.SOLUCION DE PROBLEMAS	Mucha eficacia en el análisis y solución de problemas. Los resuelve sólo	Resuelve bien los problemas. A veces necesita algo de apoyo	Analiza y soluciona los problemas con ciertos apoyos y supervisiones	No sabe analizar y solucionar los problemas sólo. Necesita guía	Se hunde con los problemas
8.RELACION CON LOS DEMAS	Se comunica y relaciona muy bien	Se comunica con bastante soltura	Su relación y trato con los demás es normal	Se relaciona poco con los demás	No se relaciona con los otros
9.CAPACIDAD DE NEGOCIACION Y PERSUASION	Convence muy bien a los demás miembros de su equipo	Sabe convencer a los demás aunque a veces le falta fuerza	Convence a los demás a veces	No sabe influir en los demás	Los demás influyen sobre él
10.TRATO CON EL CLIENTE	Mucha habilidad en el trato	Efectivo en su relación con el cliente	Se relaciona medianamente bien	No sabe tratar con el cliente. Le falta soltura	Su trato es bastante deficiente

Página 1 de 1

119

ESCALA GRAFICA

Nombre empleado:..

Puesto a clasificar:..

Departamento al que pertenece:..

Fecha evaluación:...

Evaluador:..

Rango del evaluador:..

FACTORES	5	4	3	2	1
1.Formación técnica					
2.Cantidad de trabajo					
3.Calidad de trabajo					
4.Compromiso					
5.Disciplina					
6.Capacidad práctica					
7.Solución de problemas					
8.Relación con los demás					
9.Capacidad de negociación y persuasión					
10.Trato con el cliente					
TOTAL (Sumatorio de 1 a 10, partido por 10)					

OBSERVACIONES:

Página 1 de 1

- **Método de las escalas de juicio.**

Son muy parecidas a las escalas gráficas.

Consisten en la evaluación del candidato en relación a varios factores cada uno de ellos con varios niveles.

Se diferencia del método anterior en que es menos explícito en la definición de los niveles de los distintos factores. Aquí, simplemente se da una valoración que el evaluador debe seguir.

Al igual que el método anterior ofrece una calificación cuantitativa de cada sujeto, por factores o total que nos indicarán las lagunas formativas del aspirante al puesto.

Hay que tener en cuenta que las valoraciones a veces no van a ser tan objetivas como quisiéramos y dependerán del evaluador (de sus prejuicios, tendencias a centralizar...).

Presentamos a continuación una escala de juicio para Operarios.

En la realización de estas escalas utilizaremos la información obtenida en el Análisis de Tareas y Funciones y del Profesiograma.

ESCALA DE VALOR para *Operarios*

Nombre empleado:...

Puesto a clasificar:...

Departamento al que pertenece:...

Fecha evaluación:...

Evaluador:...

Rango del evaluador:..

FACTORES	RASGOS	ESCALA				
		5	4	3	2	1
COMPETENCIA PROFESIONAL	1.Conocimientos					
	2.Experiencia/Capacidad práctica					
	3.Precisión y rapidez					
	4.Concentración en la tarea					
	5.Calidad de trabajo					
	6.Cantidad trabajo/productividad					
	7.Disciplina					
	8.Motivación					
	9.Solución de problemas					
	10.Capacidad de aprender					
	11.Fatigabilidad					
	12.Puntualidad					
	A. TOTAL					
	Sumatorio del total A partido por 12					
RELACIÓN CON LOS DEMÁS	1.Comunicación					
	2.Trabajo en equipo					
	3.Trato con el cliente					
	4.Relación con superiores					
	B. TOTAL					
	Sumatorio del total B partido por 4					

PUNTOS FUERTES:

PUNTOS DÉBILES:

OBSERVACIONES:

VALORACIÓN GLOBAL(A + B)	

Se sumará cada factor por separado obteniendo una puntuación parcial por factores y otra valoración global.

Competencia Profesional	5 Excelente	4 Bueno	3 Medio	2 Lagunas	1 Bajo
Valoración	Sabe realizar muy bien sus tareas y funciones. Habría que pensar en su promoción	Es eficaz en la realización de sus trabajos. No suele cometer muchos fallos o errores	Sabe realizar con normalidad las tareas y funciones propias del puesto	Tiene fallos y lagunas que impiden una buena realización de sus tareas y funciones	Poco apto para el desempeño de este puesto de trabajo

Relación con los demás	5 Excelente	4 Bueno	3 Medio	2 Lagunas	1 Bajo
Valoración	Sabe generar un buen clima de trabajo. Tiene rasgos de líder	Se relaciona con bastante soltura con los demás. Trabaja bien en equipo	Se comunica y relaciona con normalidad con sus compañeros	Le falta soltura en el trato con los demás	Su relación con los demás es mala

Valoración global

5	Excelente	Muy buena adecuación al puesto. Reforzar (retribuciones) adecuadamente.
4	Bueno	Adecuada competencia profesional. Reforzar adecuadamente.
3	Medio	Tiene algunos puntos débiles que convendría reforzar. Sería bueno algún programa de Formación.
2	Lagunas	Necesita mejorar algunos aspectos de su desempeño. Necesita Formación.
1	Bajo	Necesita un programa demasiado amplio de Formación. Revisar adecuación al puesto.

Otra técnica parecida a esta es la <u>técnica de simulación</u> como es el <Assessment Center> que consiste en simular situaciones a las que se va a enfrentar el futuro trabajador. Los candidatos deberán resolver estos ejercicios y serán evaluados calificando sus capacidades, actitudes y comportamientos.

En nuestro <proceso simplificado>, será mejor utilizar las pruebas prácticas profesionales ya que las técnicas de simulación suelen usarse para puestos de trabajo de nivel directivo, para ver cómo se desenvuelven en una discusión, su capacidad de mando, organización, etc.

Además es una técnica costosa.

2.8.5 TECNICAS PARA LA SELECCION: PRUEBAS DE CONOCIMIENTO

Las últimas técnicas que presentamos para la evaluación de los aspirantes al puesto de trabajo, son las pruebas de conocimiento, que consisten en someter a los candidatos a pequeños exámenes teóricos para evaluar sus conocimientos.

Entendemos por <conocimiento>, la adquisición de una determinada información, a través de la formación o entrenamiento.

Por ejemplo, un examen de inglés (escrito, o a través de una entrevista) sería una prueba de conocimiento para determinar el nivel del candidato.

2.9. SEPTIMA FASE DEL PROCESO SIMPLIFICADO: VALORACION DE LOS RESULTADOS.

En la fase de valoración de los resultados, lo que pretendemos es organizar toda la información obtenida hasta ahora, del proceso, de cada uno de los candidatos.

Para ello será útil, emplear una ficha, donde queden recogidos todos estos datos. Independientemente de si el aspirante será el elegido, esta información nos puede servir para formar un archivo; que podrá ser una futura fuente de reclutamiento.

FICHA REGISTRO INFORMACION DE LOS CANDIDATOS

FICHA-REGISTRO INFORMACION DE LOS CANDIDATOS

1.- DATOS PERSONALES

Nombre _____
Apellidos _____
Lugar de Nacimiento _____ Edad _____
Domicilio _____ Población y ciudad _____
Nº de teléfono _____
Estado civil _____
Profesión _____ Cónyuge _____
Nº de hijos_____
Vehículo propio _____
vivienda propia _____
Familiares a su cargo _____
Trabajo actual _____-

2. FORMACION

Títulos académicos _____- (fechas de consecución)
Otros títulos _____
Idiomas _____
Informática _____

3.- EXPERIENCIA

Trabajos ordenados cronológicamente relacionados con el puesto (especifique duración y retribución).
_____
_____

Otros trabajos (especifique duración y retribución)
_____
_____
_____

Motivos de cambio
_____
_____
_____

Página 1 de 3

4.- APTITUDES	1	2	3	4	5	6	7	8	9	10
• Aptitud verbal										
• Aptitud numérica										
• Aptitud espacial										
• Aptitud abstracta										
• Aptitud mecánica										
• Atención										
• Memoria										

5.- PERSONALIDAD	1	2	3	4	5	6	7	8	9	10
• Participación										
• Control emociones										
• Decisión										
• Tolerancia a la frustración										
• Creatividad										
• Otros, etc.										

6.- HABILIDADES SOCIALES	1	2	3	4	5	6	7	8	9	10
• Diplomacia										
• Comunicabilidad										
• Sociabilidad										
• Colaboración										
• Adaptación										
• Espontaneidad										

Página 2 de 3

127

7.- MOTIVACION E INTERES

	1	2	3	4	5	6	7	8	9	10
• Grado de motivación por el puesto										
• Expectativas										
• Intereses										
• Pretensiones económicas										
• Trabajo en grupo										
• Trabajo en solitario										

8.- POTENCIALIDAD

- • Potencia futura del candidato ....
- • Capacidad para otros puestos ....

9.- AJUSTE PERSONA PUESTO

	SI	REGULAR	NO
• Ajuste formación			
• Ajuste experiencia			
• Ajuste aptitudes			
• Ajuste personalidad y habilidades sociales			
• Ajuste motivación e intereses			

Evaluación final:

MUY ALTO_____

ALTO _____

MEDIO ALTO _____

MEDIO _____

MEDIO BAJO _____

BAJO _____

MUY BAJO _____

10.- OBSERVACIONES

Página 3 de 3

128

Valoración de la información de la Ficha-Registro

• Formación.

Se valorarán y ponderarán todos los estudios realizados por el candidato. Ya que nos ofrece una información sobre su capacidad de aprendizaje, sus inquietudes intelectuales y profesionales.

No obstante se ponderará de forma especial la formación relacionada con el puesto de trabajo.

Se puede realizar una valoración cualitativa o, cuantitativa otorgando un valor numérico (de 1 a 10) a cada estudio realizado.

1.- Formación no relevante para el puesto.

10.- Formación exigida y necesaria para el puesto.

• Experiencia.

Igual que en el apartado anterior, se valorará la experiencia profesional de los candidatos, que nos indica su capacidad de trabajo, la continuidad en un puesto, su trayectoria profesional.

También, de una forma especial se valorará la experiencia, en puestos similares.

La valoración puede ser cualitativa o cuantitativa a través de valores numéricos.

1.- Experiencia en puestos de trabajo poco significativos.

10.- Experiencia en puestos similares.

Se tendrá en cuenta la permanencia en ese puesto.

• Aptitudes. Personalidad. Habilidades sociales.

Se valorarán los resultados obtenidos en las pruebas aplicadas, pero utilizando una ponderación de los factores evaluados.

Para esta ponderación utilizaremos un <u>criterio:</u>

La ponderación (o aplicación de un número-factor a cada aspecto evaluado) se realizará en relación a lo relevante que resulta un factor para el desempeño con éxito del puesto de trabajo en cuestión. Esta tarea debe realizarse al elaborar el profesiograma.

Por ejemplo, para un puesto de trabajo de una telefonista ponderaremos con un **9 ó 10** el Factor de la Fluidez Verbal, con un **8** la Memoria auditiva, pero con un **1** por ejemplo, la creatividad, ya que no es un requisito exigible para este puesto que más bien es de índole mecánica y repetitiva.

- Potencialidad.

Se evaluará también y se valorará, la posible capacidad del sujeto para ese y otros trabajos de rango superior; para su desarrollo profesional.

Criterios de selección:

Los criterios que vamos a utilizar a la hora de valorar y ponderar los factores evaluados, en nuestro proceso de selección, van a ser aquéllos que nos ayuden a determinar la persona que más se ajuste al puesto de acuerdo con:

a) Formación.

b) Experiencia profesional.

c) Adaptación al grupo social.

d) Aptitudes.

e) Personalidad.

f) Motivación e intereses.

g) Promocionabilidad (de acuerdo con las aspiraciones y posibilidades existentes).

Para ello, utilizaremos las <técnicas de selección> ya comentadas, mediante las cuales trataremos de evaluar para cada candidato el grado de realización eficaz de trabajo, tareas y obligaciones.

Nuestros criterios de selección deberán tener en cuenta dos cuestiones:

a) Tipo $\longrightarrow$ De entre todas las medidas posibles del desempeño cuáles deben seleccionarse.

b) Nivel $\longrightarrow$ ¿Qué nivel de desempeño se considera aceptable?.

La cuestión a) ha quedado ya resuelta en parte al presentar ya elaborados una serie de instrumentos o herramientas para evaluar las distintas aptitudes, personalidad....

La cuestión b) (el nivel) deberá determinarlo el evaluador dependiendo del nivel de los aspirantes, del grado de exigencia del puesto, de la importancia del factor para el desempeño del puesto con éxito, etc.

Finalmente, en la fase de valoración se realizará un estudio comparativo de los candidatos, a fin de elegir los más aptos (o el más apto), para ese puesto de trabajo.

A los candidatos rechazados se les comunicará con la mayor cordialidad posible e informándoles de que sus datos quedan a disposición de la empresa, para otros posibles procesos de selección en el futuro.

2.10. OCTAVA FASE DEL PROCESO SIMPLIFICADO: INCORPORACION Y ACOGIDA.

La fase de adaptación y acogida también debe prepararse con todo cuidado ya que nos va a facilitar la integración y adaptación del trabajador a su grupo de trabajo y a la Empresa.

Para ello, se le informará de los distintos aspectos de la empresa: historia, cultura, jerarquías, organigrama, de su puesto, <como funcionan las cosas>, asimismo, se le enseñarán los distintos departamentos, despachos.... Para que se sienta familiarizado con el entorno y sepa luego desenvolverse en él con facilidad.

También se programarán reuniones para efectuar las distintas presentaciones, e incluso (si la ocasión lo requiere) alguna comida o <copa> para darle la bienvenida.

La idea, como hemos dicho antes es tratar de que el <nuevo trabajador> se sienta acogido y pueda así integrarse al grupo y a su empresa con facilidad, lo cual nos ahorrará muchos problemas. No olvidemos, que un trabajador que no se siente a gusto en su entorno de trabajo, disminuye su rendimiento.

2.11. NOVENA FASE DEL PROCESO SIMPLIFICADO: SEGUIMIENTO.

El seguimiento del nuevo trabajador en cuanto a su desempeño, rendimiento, adaptación... va a ser la última fase del proceso.

Es importante llevarlo a cabo con toda rigurosidad ya que nos va a ofrecer una información muy valiosa para la evaluación formativa del proceso, en la cual se determinará si las predicciones realizadas en torno al desempeño, adaptación... del empleado van a ser acertadas o no.

A través de los fallos, o errores en estos pronósticos, trataremos de mejorar los futuros procesos de selección; así como trataremos de que el nuevo empleado supere, en la medida de lo posible, sus deficiencias.

Es por esta razón, por lo que se suelen hacer contratos en período de prueba.

CAPITULO 3

APLICACION PRACTICA DEL PROCESO DE SELECCION REALIZADO EN UNA EMPRESA.

E n este capítulo se pasa a describir el proceso que se siguió, al realizar la selección de personal, para un puesto de Auxiliar de Laboratorio, de una Destilería.

Las fases o pasos que se siguieron fueron los siguientes:

a) Detección de Necesidades:

La Empresa contaba con 2 Auxiliares de Laboratorio, pero hubo una ampliación de personal (se creó un nuevo puesto de Auxiliar de Laboratorio) debido a una ampliación de actividad en respuesta a una necesidad de mejora del control de la calidad de los materiales y del producto terminado, en lo que se refiere a su presentación al público.

b) Información sobre la Empresa:

Como ya especificamos en el capítulo anterior, esta fase no es propiamente una fase.

Nos detenemos aquí para recopilar información sobre la empresa que puede sernos de utilidad en el proceso.

Se trata de una empresa de 60 empleados, 30% extranjera (inglesa) 50% española.

Es importante destacar su ubicación geográfica, ya que se encuentra a 70 km. de Madrid en la provincia de Cuenca y no hay servicio público de transportes que llegue directamente. En un pueblo a 20 km. de la Destilería, la empresa puso un autobús cuyo destino era la empresa. Estas dificultades hacen que sea valorable que el candidato disponga de vehículo propio o que viva cerca de la Destilería.

c) Análisis y descripción del puesto de trabajo:

Para analizar el puesto de trabajo utilizamos la observación directa del trabajo de los dos otros Auxiliares de Laboratorio y la entrevista con un superior.

Los datos recogidos en el análisis quedan expuestos en la hoja de descripción del puesto de trabajo.

HOJA DESCRIPCION DEL PUESTO DE TRABAJO

1.- Denominación del Puesto: *AUXILIAR DE LABORATORIO*

2.- Departamento o sección a la que pertenece: *DEPARTAMENTO DE GESTIÓN DE CALIDAD*

3.- Historia del Puesto: *Se trata de un puesto de nueva creación similar a dos ya existentes, por ampliación de actividad.*

4.- Posición en el Organigrama:

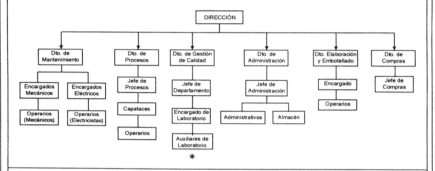

5.- Objetivos o finalidades del Puesto: *Controlar la calidad de la Presentación del Producto.*

6.- Funciones del Puesto, o cotidianas
o habituales y frecuentes:
- *Controlar los materiales del embotellado*
- *Controlar los materiales del embotellado.*
- *Controlar la "presentación" del producto final.*

- Etiquetas correctas sin defectos de impresión
- Botellas sin defectos de fabricación
- Cápsulas sin defectos de fabricación
- Cajas sin defectos de fabricación
- Adecuación del material a los estándares exigidos y establecidos.
- Colocación de etiquetas en las botellas correcto
- Nivel del "líquido" en la botella correcto
- Producto sin anomalías en su interior
- Adherencias de etiquetas correctas
- Código del lote adecuado
- Introducción en cajas y apilado correcto
- Color rojo adecuado según estándar de etiquetas y cajas.

Cuando algo no está correcto el auxiliar de laboratorio deberá apartarlo y rechazarlo, para ser luego supervisado por un superior.

7.- Horario de trabajo: *Jornada laboral: de 8 de la mañana a 2 tarde*
de 3 tarde a 5 tarde

En periodos de excesiva demanda se harán turnos intensivos de mañana y tarde.

Página 1 de 2

8.- Condiciones de trabajo: *No hay especiales condiciones de trabajo excepto el ruido ambiental de la línea de embotellado.*

9.- Relaciones sociales: *a) Internas : trabajará con dos iguales, con un encargado de laboratorio y un jefe de Departamento.*

b) Externas: No hay

10.- Requisitos o exigencias del puesto: *a) Formación: F P Auxiliar Laboratorio * **Graduado Escolar***

b) Experiencia: No es imprescindible

c) Facultades mentales:

- *Atención*

- *Concentración*

- *Resistencia a la fatiga*

- *Análisis del detalle, memoria visual*

d) Cualidades sensoriales:

- *Buena vista*

11.- Responsabilidades: *a) Sobre otros empleados: No*
b) Sobre el material de trabajo: Sí
c) Sobre el producto, de su presentación: Sí
d) Toma de decisiones y autoridad: No (sólo informa de lo rechazable para que lo supervise el superior)

12.- Equipo de trabajo o materiales: *No hay*

13.- Observaciones finales: *Serán necesarios como rasgos de personalidad la precisión, meticulosidad orden y método.*

Página 2 de 2

139

d) Elaboración del Profesiograma:

Con la información obtenida en el análisis y descripción del puesto de trabajo elaboraremos el profesiograma.

GUIA PARA LA ELABORACION DEL PROFESIOGRAMA

| Denominación del puesto: | AUXILIAR DE LABORATORIO |

| Sección o departamento: | DEPARTAMENTO DE GESTION DE CALIDAD |

Edad preferente: 20 a 30 años

Sexo: No hay preferencias

Formación necesaria:
- Graduado Escolar
- BUP

Formación deseable: FP Auxiliar de laboratorio

Experiencia: No es indispensable, pero será valorable la experiencia en un puesto similar o en la empresa.

- PROCESOS Y CARACTERÍSTICAS	PONDERACIÓN				
INTELECTUALES	1	2	3	4	5
− Atención/concentración					X
− Resistencia a la fatiga					X
− Memoria visual				X	
• APTITUDES ESPECÍFICAS (•)	1	2	3	4	5
− Aptitud abstracta (o razonamiento lógico)			X		
− Aptitud espacial			X		
− Aptitud numérica		X			
- ACTITUDES Y CONDUCTAS SOCIALES	1	2	3	4	5
− Integración al grupo/sociabilidad (aconsejables)	X				
- RASGOS DE PERSONALIDAD	1	2	3	4	5
− Observación					X
− Precisión				X	
− Meticulosidad (análisis del detalle)				X	
− Perfeccionismo				X	
− Orden y método					X
− Estabilidad emocional		X			
− Sentido del deber		X			

• OTROS DATOS VALORABLES	1	2	3	4	5
− Aspiraciones e intereses					
− Motivación					
− Características físicas (buena visión)				✕	

(*) Respecto a las <u>Aptitudes</u> consideramos deseables en grado medio (por eso otorgamos **3** puntos las siguientes:

- <u>Aptitud abstracta:</u> es decir que el candidato tenga cierto razonamiento lógico que le ayude a organizar su trabajo.

- <u>Aptitud espacial:</u> ya que deberá revisar la colocación espacial de etiquetas en cajas y botellas, colores, anagramas, nivel de líquido... siguiendo una disposición ya establecida.

- <u>Aptitud numérica:</u> ponderada con **2** puntos por considerarla poco imprescindible pero aconsejable, ya que hay que hacer cómputos de cajas, botellas, cápsulas......

La <u>ponderación</u> se hizo siguiendo el siguiente criterio:

1   No imprescindible, pero valorable.

2   Poco imprescindible, pero aconsejable.

3   Medio.

4   Bastante deseable.

5   Muy deseable (imprescindible).

e) Reclutamiento:

El reclutamiento de los candidatos fue mixto. Esto quiere decir que se utilizaron <u>fuentes externas</u> se contactó con la oficina de empleo del Pueblo próximo más importante, que envió a vecinos de los pueblos circundantes a la empresa.

También se utilizaron <u>fuentes internas</u>, que nos enviaron a familiares de los operarios que habían trabajado ya en la empresa o estaban trabajando en otros puestos.

f) Técnicas para la selección:

Teniendo en cuenta que el puesto no requería ni una experiencia previa, ni una formación muy específica y que por otro lado, sólo fueron reclutados 6 candidatos, se pasó por alto, el realizar el análisis del curriculum y entrevista inicial y se inició el proceso realizando una serie de pruebas específicas:

- Prueba de Atención/concentración.
- Prueba de resistencia a la fatiga.
- Prueba de Aptitud Abstracta.
- Prueba de Aptitud Espacial.
- Prueba de Memoria visual.

Para evaluar la memoria visual se aplicó el siguiente test: (ya que el test descrito en el apartado de Memoria se trata más bien de un test de memoria auditiva).

TEST DE MEMORIA VISUAL

- Instrucciones:

A continuación se le va a presentar un cuadro de doble entrada (letras y números) con una serie de figuras que usted debe memorizar teniendo en cuenta las coordenadas (Por ejemplo   está en 1 - A) y durante 5 minutos. Pasado este tiempo se le retirará el cuadro y deberá recordar exactamente donde estaban localizadas una serie de figuras que le daremos.

Cuadro 1ª Hoja

142

Cuadro 2ª hoja:

	A	B	C	D	E	F	G	H	I	J
1										
2										
3										
4										
5										
6										
7										
8										
9										
10										

Coloque según el cuadro que le ha sido presentado en la 1ª hoja los siguientes símbolos tratando de que su localización sea la misma que tenían.

△ _____   ⊞ _____

○ _____   ◇ _____

⊕ _____   ◇ _____

△ _____   ⬙ _____

□ _____   ◭ _____

- Valoración

Se otorgará 1 punto por cada respuesta correcta (letra y número).

Se otorgará 0,5 puntos si sólo se acierta una coordenada.

La suma total dará la puntuación final.

Como criterio para evaluar la memoria visual se utilizará el siguiente:

> **Pt = 4 a 5 puntos = Memoria visual Media**

Después de la aplicación de las pruebas, se reunió al grupo de candidatos y se realizó una sesión de **Dinámica de Grupos**. Se trataba de evaluar los siguientes aspectos:

▲ Observación.

▲ Precisión.

▲ Meticulosidad (análisis del detalle).

▲ Perfeccionismo.

▲ Orden y método.

▲ Estabilidad emocional.

▲ Sentido del deber.

▲ Otros datos relevantes como la sociabilidad.

Para ello se diseñó la siguiente situación:

Se colocó un patrón de una etiqueta y una caja con etiquetas defectuosas y no defectuosas para comparar, mezcladas al azar.

Cada candidato por turno debía sacar 2 etiquetas y comparar su color, forma... y anotar los defectos. Después de que cada candidato hubiese hecho sus anotaciones, se hizo una puesta en común donde cada uno explicaba al grupo sus hallazgos. El grupo debió responderle si estaban de acuerdo o no.

El dinamista sólo actuaba de observador tratando de anotar los aspectos señalados y viendo la forma de trabajar de cada uno.

Finalmente se realizó una entrevista en profundidad con cada uno de ellos.

g) *Valoración de los Resultados:*

En esta fase lo que se pretendió fue organizar toda la información obtenida en fases anteriores. Se utilizaron las fichas-registro para ordenar todos los datos.

FICHA REGISTRO: CANDIDATO - 1

1 DATOS PERSONALES

Resaltamos sólo los datos de interés y no los personales, para guardar la confidencialidad del proceso.

– Lugar de residencia: *Pueblo de Cuenca cercano a la empresa*

– Edad: *23 años*   – Sexo: *Mujer*

– Carnet de conducir: *B-1*   – Vehículo propio: *No*

– Estado civil: *Soltera*

– Familiares a su cargo: *Ninguno*

– Sin problemas de visión

2 FORMACION

– BUP

– COU

Cursillos INEM: • Operador ordenador (5 meses)

        • Monitor de consumo(4 meses)

3 EXPERIENCIA

– No ha trabajado nunca

4 APTITUDES Y PROCESOS INTELECTUALES		PONDERACION										
		1	2	3	4	5	6	7	8	9	10	
– Atención/concentración	5					X						25
– Resistencia a la fatiga	5			X								15
– Memoria visual	4						X					24
– Aptitud abstracta	3					X						15
– Aptitud Espacial	3				X							12
– Aptitud Numérica	2					X						10
5 PERSONALES		1	2	3	4	5	6	7	8	9	10	
– Observación	5					X						25
– Precisión	4					X						20
– Meticulosidad	4				X							16
– Perfeccionismo	4				X							16
– Orden y método	4					X						20
– Habilidad emocional	2					X						10
– Sentido del deber	2							X				14

6 HABILIDADES SOCIALES	5	1	2	3	4	5	6	7	8	9	10	
– Sociabilidad/Integración al grupo 1						✕						5

7 MOTIVACION E INTERESES

- Poco familiarizada con el trabajo.
- Su aspiración es trabajar pero no tiene claro en qué consiste la labor a realizar.
- Valora la empresa y el que sea un "empleo" pero nada más.
- No se observa ningún interés en el trabajo de "auxiliar de laboratorio".
- Fluctuación de intereses.

8 POTENCIALIDAD

Poca.

9 AJUSTE PERSONA-PUESTO	VALORACION		
	SI	Regular	NO
– Ajuste formación	✕		
– Ajuste experiencia	—	—	—
– Ajuste aptitudes		✕	
– Ajuste personalidad y habilidades sociales		✕	
– Ajuste motivación e intereses			✕

EVALUACION FINAL

Muy Alto ☐
Alto ☐
Medio Alto ☐
Medio ☒
Medio Bajo ☐
Bajo ☐
Muy Bajo ☐

OBSERVACIONES

(*) Las puntuaciones otorgadas en los apartados 4, 5 y 6 se obtienen de multiplicar en cada factor la puntuación del sujeto (1,2,3...10) por su valor ponderado (del profesiograma). la suma total de todas las puntuaciones nos dará la puntuación final de Aptitudes y procesos intelectuales, personalidad y habilidades sociales, que será muy útil a la hora de hacer un estudio comparativo de los distintos candidatos y una valoración y elección final.

FICHA REGISTRO: CANDIDATO - 2

1 DATOS PERSONALES

- *Natural de Inglaterra. Nacionalidad Española*
- Lugar de residencia: *Madrid*
- Estado civil: *Soltero*
- Servicio militar cumplido
- Carnet de conducir : A-2 y B-1
- Sin problemas de visión

2 FORMACION

- Ingeniero técnico agrícola
- Inglés (Escuela oficial de idiomas)

3 EXPERIENCIA

- Trabajó durante 3 meses como encuestador en la Comunidad de Madrid. Actualmente se encuentra en paro.

4 APTITUDES Y PROCESOS INTELECTUALES		PONDERACION										
		1	2	3	4	5	6	7	8	9	10	
– Atención/concentración	5										X	50
– Resistencia a la fatiga	5									X		45
– Memoria visual	4								X			32
– Aptitud abstracta	3							X				21
– Aptitud Espacial	3									X		27
– Aptitud Numérica	2							X				14
5 PERSONALIDAD												
– Observación	5								X			40
– Precisión	4									X		36
– Meticulosidad	4						X					24
– Perfeccionismo	4						X					24
– Orden y método	4								X			32
– Habilidad emocional	2						X					12
– Sentido del deber	2					X						10

6 HABILIDADES SOCIALES	5		1	2	3	4	5	6	7	8	9	10	
– Sociabilidad/Integración al grupo	1						✕						5

7 MOTIVACION E INTERESES

– Sus intereses van más allá de lo que el puesto pueda ofrecerle.

– Le interesa el control de calidad pero a un nivel mucho más avanzado de lo que el puesto puede ofrecerle.

– Se trata de un puesto por debajo de su categoría.

– Sus aspiraciones profesionales son más elevadas de lo que aquí se le ofrece.

8 POTENCIALIDAD

Dada su formación y alto nivel de aptitudes, su potencialidad es ALTA.

9 AJUSTE PERSONA-PUESTO	VALORACION		
	SI	Regular	NO
– Ajuste formación	✕		
– Ajuste experiencia	—	—	—
– Ajuste aptitudes	✕		
– Ajuste personalidad y habilidades sociales	✕		
– Ajuste motivación e intereses			✕

EVALUACION FINAL

Muy Alto	☐
Alto	☐
Medio Alto	☒
Medio	☐
Medio Bajo	☐
Bajo	☐
Muy Bajo	☐

OBSERVACIONES

Se le considera apto para el puesto en relación a sus buenas aptitudes y formación. Per es un puesto inferior a su categoría y a sus aspiraciones. Esto hay que tenerlo muy en cuenta.

FICHA REGISTRO: CANDIDATO - 3

1 DATOS PERSONALES

- Lugar de residencia: *En un pueblo cercano a la empresa*
- Edad: *22 años*
- Estado civil: *Soltero*
- Servicio militar cumplido
- Carnet de conducir : B-4
- Sin problemas de visión

2 FORMACION

- BUP Y COU
- Mecanografía
- Curso de "métodos y tiempos"
- Actualmente cursa 3º de graduado social

3 EXPERIENCIA

- Ha trabajado como Animador Sociocultural en la CAM y como Auxiliar Administrativo .

4 APTITUDES Y PROCESOS INTELECTUALES		PONDERACION										
		1	2	3	4	5	6	7	8	9	10	
– Atención/concentración	5			✕								20
– Resistencia a la fatiga	5			✕								20
– Memoria visual	4				✕							20
– Aptitud abstracta	3					✕						18
– Aptitud Espacial	3		✕									9
– Aptitud Numérica	2				✕							8

5 PERSONALIDAD												
– Observación	5		✕									15
– Precisión	4		✕									12
– Meticulosidad	4	✕										8
– Perfeccionismo	4		✕									12
– Orden y método	4			✕								16
– Habilidad emocional	2				✕							10
– Sentido del deber	2				✕							10

6 HABILIDADES SOCIALES	8	1	2	3	4	5	6	7	8	9	10	
– Sociabilidad/Integración al grupo 1									✕			8

7 MOTIVACION E INTERESES

– Más que la labor a realizar, le interesa un trabajo cerca de su pueblo.
– Por otro lado quiere acabar "Graduado Social".

8 POTENCIALIDAD

Poca.

9 AJUSTE PERSONA-PUESTO	VALORACION		
	SI	Regular	NO
– Ajuste formación	✕		
– Ajuste experiencia	—	—	—
– Ajuste aptitudes			✕
– Ajuste personalidad y habilidades sociales			✕
– Ajuste motivación e intereses		✕	

EVALUACION FINAL

Muy Alto ☐
Alto ☐
Medio Alto ☐
Medio ☐
Medio Bajo ☐
Bajo ☒
Muy Bajo ☐

OBSERVACIONES

No aconsejable para el puesto. No se ajusta en cuanto a aptitudes y rasgos de personalidad.
Por otro lado, sus intereses están puestos en su titulación de "Graduado Social".

FICHA REGISTRO: CANDIDATO - 4

1 DATOS PERSONALES

- Lugar de residencia: *Pueblo cercano a la empresa*
- Edad: *23 años*
- Estado civil: *Soltero*
- Servicio militar :   *cumplido*
- Carnet de conducir : B-1
- Sin problemas de visión

2 FORMACION

- BUP
- 1º de Formación Profesional (mecánico)

3 EXPERIENCIA

- Ha trabajado como cartero en una empresa de construcción.
- Ha trabajado eventualmenet en esta empresa en embotellado y embarrilado de alcoholes.
- Actualmente está en paro.

4 APTITUDES Y PROCESOS INTELECTUALES		PONDERACION										
		1	2	3	4	5	6	7	8	9	10	
– Atención/concentración	5					X						25
– Resistencia a la fatiga	5					X						25
– Memoria visual	4						X					24
– Aptitud abstracta	3			X								9
– Aptitud Espacial	3					X						15
– Aptitud Numérica	2			X								6
5 PERSONALIDAD		1	2	3	4	5	6	7	8	9	10	
– Observación	5					X						25
– Precisión	4					X						20
– Meticulosidad	4			X								12
– Perfeccionismo	4				X							16
– Orden y método	4					X						20
– Habilidad emocional	2					X						10
– Sentido del deber	2								X			16

6 HABILIDADES SOCIALES	5	1	2	3	4	5	6	7	8	9	10	
– Sociabilidad/Integración al grupo	1					✕						5

7 MOTIVACION E INTERESES

– Más que la labor a realizar, que no sabe muy bien en qué consiste, le interesa entrar en una empresa donde trabaja su familia, donde él ya ha trabajado y que está muy cerca de donde él vive con sus padres.

8 POTENCIALIDAD

Media - Baja.

9 AJUSTE PERSONA-PUESTO	VALORACION		
	SI	Regular	NO
– Ajuste formación	✕		
– Ajuste experiencia	✕ *		
– Ajuste aptitudes		✕	
– Ajuste personalidad y habilidades sociales		✕	
– Ajuste motivación e intereses	✕		

EVALUACION FINAL

Muy Alto ☐
Alto ☐
Medio Alto ☐
Medio ☒
Medio Bajo ☐
Bajo ☐
Muy Bajo ☐

OBSERVACIONES

Se le considera apto para el puesto debido a su familiarización con la empresa, su experiencia y sus familiares trabajan ahí, lo que indica un alto grado de motivación, pero sus aptitudes son de nivel bajo, lo que tal vez dé lugar a un desempeño poco eficaz.

FICHA REGISTRO: CANDIDATO - 5
1 DATOS PERSONALES

- Edad: *20 años*
- Estado civil: *Soltero*
- Servicio militar : *cumplido*
- Carnet de conducir : B-1
- Lugar de residencia: *Cercana a la empresa*
- Sin problemas de visión

2 FORMACION

- BUP

3 EXPERIENCIA

- Ha trabajado como repartidor de carne.
- Actualmente trabaja como operario en la empresa.

4 APTITUDES Y PROCESOS INTELECTUALES		PONDERACION										
		1	2	3	4	5	6	7	8	9	10	
– Atención/concentración	5									X		45
– Resistencia a la fatiga	5								X			40
– Memoria visual	4						X					24
– Aptitud abstracta	3						X					18
– Aptitud Espacial	3					X						15
– Aptitud Numérica	2				X							8
5 PERSONALIDAD		1	2	3	4	5	6	7	8	9	10	
– Observación	5								X			40
– Precisión	4					X						20
– Meticulosidad	4							X				28
– Perfeccionismo	4							X				28
– Orden y método	4					X						20
– Habilidad emocional	2						X					12
– Sentido del deber	2								X			16

6 HABILIDADES SOCIALES	5	1	2	3	4	5	6	7	8	9	10	
– Sociabilidad/Integración al grupo 1						✕						5

7 MOTIVACION E INTERESES

- Está familiarizado con la tarea. Sabe en qué consiste el puesto y, al mismo tiempo, está interesado en este tipo de trabajo.

8 POTENCIALIDAD

Media.

9 AJUSTE PERSONA-PUESTO	VALORACION		
	SI	Regular	NO
– Ajuste formación	✕		
– Ajuste experiencia	✕		
– Ajuste aptitudes	✕		
– Ajuste personalidad y habilidades sociales	✕		
– Ajuste motivación e intereses	✕		

EVALUACION FINAL

Muy Alto ☐
Alto ☒
Medio Alto ☐
Medio ☐
Medio Bajo ☐
Bajo ☐
Muy Bajo ☐

OBSERVACIONES

Consideramos apto al candidato, ya que se ajusta bastante a todos los requisitos.

FICHA REGISTRO: CANDIDATO - 6

1 DATOS PERSONALES

- Edad: *24 años*
- Estado civil: *Soltero*
- Servicio militar : *Cumplido*
- Carnet de conducir : B-1
- Lugar de residencia: *Cercana a la empresa*
- Sin problemas de visión

2 FORMACION

- BUP

3 EXPERIENCIA

- Actualmente trabaja de operario en la empresa en otro departamento (almacén).

4 APTITUDES Y PROCESOS INTELECTUALES		PONDERACION										
		1	2	3	4	5	6	7	8	9	10	
- Atención/concentración	5						X					30
- Resistencia a la fatiga	5						X					30
- Memoria visual	4					X						20
- Aptitud abstracta	3					X						15
- Aptitud Espacial	3					X						15
- Aptitud Numérica	2				X							8
5 PERSONALIDAD		1	2	3	4	5	6	7	8	9	10	
- Observación	5					X						25
- Precisión	4			X								12
- Meticulosidad	4				X							16
- Perfeccionismo	4				X							16
- Orden y método	4				X							16
- Habilidad emocional	2					X						10
- Sentido del deber	2					X						10

6 HABILIDADES SOCIALES	5	1	2	3	4	5	6	7	8	9	10	
− Sociabilidad/Integración al grupo	1			✕								3

7 MOTIVACION E INTERESES

− En realidad no sabe bién en qué consiste el puesto, ni qué tareas o funciones debe desempeñar. Lo único que le interesa es subir de categoría.

8 POTENCIALIDAD

Baja.

9 AJUSTE PERSONA-PUESTO	VALORACION		
	SI	Regular	NO
− Ajuste formación	✕		
− Ajuste experiencia	✕		
− Ajuste aptitudes		✕	
− Ajuste personalidad y habilidades sociales		✕	
− Ajuste motivación e intereses			✕

EVALUACION FINAL

Muy Alto ☐
Alto ☐
Medio Alto ☐
Medio ☐
Medio Bajo ☒
Bajo ☐
Muy Bajo ☐

OBSERVACIONES

Aunque es una persona que ya conoce la empresa y trabaja en ella, sus aptitudes y rasgos de personalidad no se ajustan mucho al puesto, así como sus intereses por el puesto y motivación.

Discusión y elección final del Candidato.

Si realizamos una comparación de los distintos candidatos en cuanto a los datos cuantitativos tenemos los siguientes resultados:

Candidatos	①	②	③	④	⑤	⑥
Aptitudes	101	189	95	104	150	118
Personalidad	121	171	83	119	164	105
Habilidades sociales	5	5	8	5	5	3

Los candidatos que más alto han puntuado en conjunto en: Aptitudes, Personalidad y Habilidades sociales son el candidato **2** y el **5**.

Vamos a estudiar los dos casos:

El candidato **2** posee puntuaciones más altas, pero como consta en su ficha-registro tiene una formación especializada (Ingeniero Técnico Agrícola) y sus aspiraciones profesionales son mucho mayores de lo que el puesto le ofrece.

Según vemos en su experiencia profesional sólo ha trabajado como encuestador y está en paro, tal vez esperando encontrar un puesto de Ingeniero Técnico y no de auxiliar.

Por otro lado, su residencia está en Madrid lo que puede ser a la larga una complicación para él, ya que todos los días deberá hacer 140 Km. (ida + vuelta) y teniendo en cuenta que el puesto no es de su categoría y que esta distancia le obligará a madrugar.... no será de extrañar que en cualquier momento le surja una oferta de trabajo mejor (más acorde a su formación) y nos deje <colgados>.

El candidato **5** tiene muchas cosas a su favor: sus puntuaciones han sido bastante aceptables, pero además ya trabaja en la empresa con lo cual su integración y adaptación va a resultar mucho más fácil y rápida, que con un candidato que desconoce la empresa.

Por otro lado su lugar de residencia está cercano a la empresa, lo que indica que no es ningún problema para él su ubicación geográfica, sino más bien, se vuelve en algo positivo, al no tener casi que desplazarse de su pueblo para ir a trabajar.

CAPITULO 4

ALGUNOS PROFESIOGRAMAS HABITUALES EN EL MERCADO LABORAL.

N uestra pretensión en este último capítulo, es la de ofrecer al lector material que sirva de guía para confeccionar distintos Profesiogramas.

Como ya ha quedado claro, los Profesiogramas estarán elaborados teniendo en cuenta el análisis del puesto de trabajo, pero también el tipo de empresa, cultura... Por lo tanto no hay un único profesiograma para un puesto determinado, sino varios.

A continuación ofrecemos los Profesiogramas de los siguientes puestos de trabajo:

- s **Puesto de OPERARIO**

- s **Puesto de ADMINISTRATIVO**

- s **Puesto de COMERCIAL**

- s **Puesto de SECRETARIA**

- s **Puesto de CONTABLE**

No ofrecemos los de puestos de DIRECTIVO por considerar que el "**PROCESO SIMPLIFICADO PARA LA SELECCION DE PERSONAL**" es insuficiente para un puesto de tan alto rango o cualificación.

PROFESIOGRAMA -1					

Denominación del puesto: *OPERARIO*

Sección o departamento::   *pueden ser varios*

Edad preferente:

Sexo:

Formación necesaria: • *Graduado Escolar*

Formación deseable: *Alguna especialización, como FP (electrónica, mecánica..., según sea el puesto de Operario).*

Experiencia: *Se valorará la de tipo práctico muy relacionada con el puesto*

- PROCESOS Y CARACTERISTICAS INTELECTUALES	PONDERACION				
	1	2	3	4	5
– Atención/concentración					X
– Resistencia a la fatiga		X			
– Memoria		X			
- APTITUDES ESPECIFICAS	**1**	**2**	**3**	**4**	**5**
– Aptitud numérica		X			
– Aptitud mecánica				X	
– Aptitud espacial			X		
- ACTITUDES Y CONDUCTAS SOCIALES	**1**	**2**	**3**	**4**	**5**
– Trabajo en equipo					X
– Comunicación			X		
– Aceptación de ordenes				X	
- RASGOS DE PERSONALIDAD	**1**	**2**	**3**	**4**	**5**
– Precisión y rapidez				X	
– Disciplina					X
– Motivación			X		
– Cumplimiento del deber				X	
– Colaboración				X	
– Control emociones			X		
- OTROS VALORABLES	**1**	**2**	**3**	**4**	**5**
– Buen estado físico (salud)					
– Habilidad manual					

PROFESIOGRAMA -2					
Denominación del puesto: ADMINISTRATIVO					
Sección o departamento:: ADMINISTRACIÓN					
Edad preferente:					
Sexo:					
Formación necesaria: - FP (segundo grado) Administrativo					
Formación deseable: FP (segundo grado) Administrativo Cursos contabilidad.					
Experiencia: Según puesto					

- PROCESOS Y CARACTERISTICAS INTELECTUALES	PONDERACION				
	1	2	3	4	5
– Memoria (auditiva y visual)				X	
– Atención				X	
- APTITUDES ESPECIFICAS	1	2	3	4	5
– Aptitud verbal				X	
– Fluidez verbal					X
– Aptitud abstracta			X		
– Aptitud numérica				X	
- ACTITUDES Y CONDUCTAS SOCIALES	1	2	3	4	5
– Sociabilidad				X	
– Comunicabilidad				X	
– Colaboración					
- RASGOS DE PERSONALIDAD	1	2	3	4	5
– Actividad				X	
– Organización (orden y método)					X
– Resolución			X		
– Improvisación			X		
– Control emociones			X		
– Iniciativa				X	
- OTROS VALORABLES	1	2	3	4	5

PROFESIOGRAMA -3					
Denominación del puesto: *COMERCIAL*					
Sección o departamento:: *VENTAS*					
Edad preferente:					
Sexo:					
Formación necesaria:					
Formación deseable:					
Experiencia:					
- PROCESOS Y CARACTERISTICAS	PONDERACION				
INTELECTUALES	1	2	3	4	5
– Memoria (auditiva y visual)		✕			
– Atención			✕		
- APTITUDES ESPECIFICAS	1	2	3	4	5
– Aptitud verbal				✕	
– Fluidez verbal					✕
– Aptitud abstracta		✕			
– Aptitud numérica			✕		
- ACTITUDES Y CONDUCTAS SOCIALES	1	2	3	4	5
– Sociabilidad (extraversión)					✕
– Comunicabilidad					✕
– Dplomacia				✕	
– Espontaneidad		✕			
- RASGOS DE PERSONALIDAD	1	2	3	4	5
– Actividad				✕	
– Participación			✕		
– Decisión				✕	
– Control emociones			✕		
– Organización (orden y método)			✕		
– Seguridad				✕	
– Iniciativa					✕
– Vitalidad					✕
– Convicción					✕
- OTROS VALORABLES	1	2	3	4	5
Empatía (saberse poner en el lugar del otro)					✕
Optimismo					

PROFESIOGRAMA -4					
Denominación del puesto: *SECRETARIA*					
Sección o departamento:: *ADMINISTRACIÓN*					
Edad preferente:					
Sexo:					
Formación necesaria: *- FP (primer grado) Administrativo*					
Formación deseable: *FP (segundo grado) Mecanografía Conocimientos y manejo ordenador.*					
Experiencia: *Según puesto*					
- PROCESOS Y CARACTERISTICAS	PONDERACION				
INTELECTUALES	1	2	3	4	5
– Atención				X	
– Resistencia a la fatiga			X		
– Memoria				X	
- APTITUDES ESPECIFICAS	1	2	3	4	5
– Aptitud verbal				X	
– Fluidez verbal					X
– Aptitud abstracta			X		
- ACTITUDES Y CONDUCTAS SOCIALES	1	2	3	4	5
– Extroversión (sociabilidad)				X	
– Comunicabilidad				X	
– Colaboración					
- RASGOS DE PERSONALIDAD	1	2	3	4	5
– Orden y método (organización)				X	
– Actividad					X
– Resolución			X		
– Control emociones			X		
– Iniciativa			X		
– Discreción			X		
– Sentido del deber				X	
- OTROS VALORABLES	1	2	3	4	5

PROFESIOGRAMA -5
Denominación del puesto: *CONTABLE*
Sección o departamento::   *ADMINISTRACIÓN*
Edad preferente:
Sexo:
Formación necesaria: *• FP (primer grado osegundo grado) Administrativo*
Formación deseable: *Contabilidad*   *Informática.*
Experiencia: *Según el puesto*

- PROCESOS Y CARACTERISTICAS	PONDERACION				
INTELECTUALES	1	2	3	4	5
– Atención					X
– Resistencia a la fatiga					X
– Memoria					X
- APTITUDES ESPECIFICAS	1	2	3	4	5
– Aptitud numérica					X
– Aptitud abstracta			X		
- ACTITUDES Y CONDUCTAS SOCIALES	1	2	3	4	5
– Colaboración				X	
– Sociabilidad	X				
- RASGOS DE PERSONALIDAD	1	2	3	4	5
– Actividad				X	
– Organización (orden y método)					X
– Resolución			X		
– Improvisación				X	
– Iniciativa				X	
– Control emociones			X		
– Sentido del deber				X	
- OTROS VALORABLES	1	2	3	4	5